Maman en Fauteuil Roulant

La Force de la Détermination
Lorsqu'on Est Parent et Paraplégique

Marjorie Aunos, PhD

TABLE DES MATIÈRES

International Standard Book Number (ISBN [Livre]): 978-1-990688-09-6

International Standard e-Book Number (ISBN [Ebook]): 978-1-990688-10-2

L'Éditeur

Ingenium Books Publishing Inc. Toronto, Ontario, Canada M6P 1Z2

Tous droits réservés.

En savoir plus ingeniumbooks.com

Traduit de l'anglais au français (Canada) par Vincent Guilluy

Couverture: Jessica Bell Designs

Mise en page: Amie McCracken et Tandem Services

Préface

J'ai eu du mal à m'endormir, hier. Je repensais à cette soirée d'il y a dix ans. Je n'en savais encore rien mais ma vie allait changer radicalement, le lendemain.

Et puis ce matin, en ouvrant les yeux, j'ai eu une hallucination. J'ai vu un papillon, un monarque, se poser au plafond quelques secondes avant de s'envoler.

Un papillon est signe de transformation, de renouveau, de spiritualité et de célébration. Et un papillon qui s'envole signifie qu'on embrasse ce changement, qu'on l'accompagne. Ce monarque est une vision envoyée par un ange gardien. Un rappel que la vie est courte et qu'il nous faut être, toujours, reconnaissant.

Je jure que je n'invente rien de tout ça ! Je suppose que c'est un symbole de mes dix dernières années – et des années qui vont suivre.

Marjorie

CHAPITRE 1

LA VISITE QUI N'A JAMAIS EU LIEU

Appelons-la Star. Parce qu'à mes yeux, c'est ce qu'elle est ; une maman ourse prête à tout pour prendre soin de ses enfants. Mais la vie avait été injuste avec elle. Elle n'avait pour ainsi dire pas d'autre famille, et pas de travail fixe. Elle vivait dans un quartier pauvre – elle n'avait pas les moyens de vivre ailleurs.

Le jour où j'ai rencontré Star, deux travailleurs deux intervenants de la direction de la protection de la jeunesse (DPJ) venaient chez elle pour un entretien. Elle m'avait demandé de rester.

Lors de cette visite, j'ai vu une maman qui essayait de comprendre ce qu'on lui disait, terrifiée dès qu'ils griffonnaient rageusement sur leur calepin, qui redoutait que leurs notes ne disent : "mauvaise mère, horrible mère".

Linge sale par terre : *oui*.

Jouets cassés gisant un peu partout : *oui*.

Cette séance de torture a duré plus de quarante-cinq minutes, pendant lesquelles nous l'avons tous les trois observée pendant qu'elle donnait le bain à son fils, vu comment elle tenait (ou pas) sa maison propre. Elle était jugée. Et elle levait souvent vers moi un regard désespéré. Cherchait mon aide.

Pas une fois, les envoyés de l'aide sociale ne lui ont demandé *pourquoi* elle faisait les choses de cette manière, ou *pourquoi* les choses se déroulaient comme ça pour elle.

Tout ce que Star savait, c'est qu'on allait lui prendre son dernier enfant, que sa voix allait être bâillonnée par ce qu'on notait dans ces calepins.

Sans voix. Vaincue. Star avait été réduite à une case qu'ils cochaient. Et une fois la case cochée, ils avaient cessé de l'écouter, parce que pour eux, cette case résumait une histoire particulière. Une histoire, *selon eux*, de négligence, uniquement parce que Star est handicapée, et que ce diagnostic justifie qu'on lui retire ses enfants.

Je travaillais avec Star. Et avec beaucoup d'autres comme elle. J'étais là pour les aider, pour évaluer leurs progrès. Psychologue, j'étais là pour les soutenir et pour m'assurer qu'une aide appropriée leur était fournie. Je cherchais toujours à les appuyer, je faisais tout ce que je croyais possible pour m'assurer que des parents comme Star étaient considérés de manière juste. Pour qu'ils puissent continuer à élever leurs enfants.

Parfois, j'y arrivais. Mais certaines fois, je me sentais inutile, impuissante, je ne pouvais qu'être le témoin de cette chose déchirante : on leur retirait la garde de leurs enfants.

Ainsi, quand je suis devenue handicapée alors que mon fils avait seize mois, j'ai pleuré. J'étais terrifiée. Je ne connaissais que trop bien les histoires de tous ces parents à qui on avait retiré la garde de leurs enfants *sans aucune preuve réelle de négligence*. Pour la seule raison qu'ils étaient en situation de handicap.

Ça m'empêchait de dormir. Chez moi, je me surprenais à fixer la porte d'entrée, à attendre le coup de sonnette, la visite, la remise en question de tout ce que je faisais en tant que parent. Je regardais la barrière de protection pour bébé en me demandant comment j'allais pouvoir la faire installer. J'étais incapable de sortir de chez moi toute seule, encore moins d'aller vider les poubelles.

Je pensais à Star qui, à cause de son handicap et parce que son logement n'était pas aménagé, ne pouvait pas descendre à la laverie laver son linge, et avait beaucoup de mal à ramasser les jouets par terre.

Star, c'était moi, et j'étais elle.

Et je me suis surprise à penser: *Est-ce que ce sont des raisons suffisantes pour retirer la garder d'un enfant à sa mère ? Pour m'enlever mon enfant?*

Mais personne n'est venu.

Personne.

On n'a jamais frappé à ma porte. On n'est jamais venu inspecter ma maison. On n'a jamais remis en cause ma manière d'élever mon enfant. Personne n'est seulement passé me voir.

J'étais mère célibataire, handicapée depuis peu, et j'avais du mal à tenir le coup. Et pourtant, la société avait jugé, sans évaluation officielle d'aucune sorte, sans même me voir une seule fois, que j'étais capable d'élever mon enfant sans risque.

Et si d'un côté, cela me stupéfiait, de l'autre, je savais pourquoi.

Je suis une professionnelle du secteur de la santé, je suis blanche, j'ai fait des études. Je suis psychologue, j'enseigne à l'université et j'ai un poste de direction dans un centre de réadaptation. Je sais que je suis une privilégiée.

Mais je suis malgré tout quelqu'un d'ordinaire. Une personne quelconque qui, trois mois avant son trente-cinquième anniversaire, mère célibataire d'un enfant de seize mois, a frôlé la mort dans un accident de voiture.

Mais j'ai changé. J'ai définitivement perdu mes fonctions sensorielles et motrices, du dessous de mes aisselles à mes orteils.

Je suis devenue une mère paraplégique, ni plus ni moins empêchée d'exercer mon rôle de parent que Star.

Mais je ne pouvais pas hurler contre cette injustice. Pas encore. Je sentais encore le besoin de me cacher, au cas où. Ils pouvaient encore changer d'avis. Et si j'étais sans voix, c'est à cause de la peur, et de la culpabilité d'avoir encore la garde de mon fils.

Cependant, si le silence de cette visite qui n'a jamais eu lieu a été assourdissant, il a aussi été le début de quelque chose. Une douce explosion, qui m'a fait prendre conscience que ma position de privilégiée et mon statut de personne handicapée, ensemble, formaient le mégaphone idéal pour porter la parole des autres.

Pour montrer que ce n'est pas le handicap qui empêche d'être parent.

Mais plutôt le manque de logements accessibles, le manque d'emplois bien payés et les préjugés de la société.

Aujourd'hui, je suis prête. À me faire entendre et à prendre position. À prendre la parole, pour être sûre que tout le monde est invité à la table, avec une place réservée. Ou au moins un espace pour pouvoir se garer.

Je veux m'assurer que la voix de quelqu'un comme Star ne restera plus jamais ignorée.

Chapitre 2

L'homme de mes rêves

J'ai aimé un homme plus qu'on ne saurait le dire.

C'était un des hommes les plus sexy – bon sang, non, c'était l'homme le plus sexy que j'ai jamais rencontré. Il était drôle, sensible, solide, gentil et généreux. Et j'étais son soleil, disait-il.

De temps à autre, lui et moi œuvrions dans la même équipe composée de travailleurs sociaux et où j'étais psychologue. Cette équipe assistait des parents isolés, en majorité des mères, présentant des déficiences intellectuelles et développementales (DID). À l'époque, j'étais la seule psychologue spécialisée dans ce domaine au Québec.

J'aimais mon métier. Je faisais de mon mieux pour défendre leur cause. J'essayais d'innover, d'analyser, de diagnostiquer, de comprendre, d'écouter et de soutenir toutes ces personnes, autant que possible.

Le premier cas sur lequel nous avons travaillé tous les deux ensemble était celui d'une mère présentant une DID et qui se battait pour avoir la garde de son fils. L'assistante sociale désignée pour s'en occuper menait une bataille difficile et avait besoin de soutien. Pour cette famille, j'avais été citée comme témoin, en tant qu'expert, à l'audience qui devait décider de la garde de l'enfant.

C'est là que j'ai senti, pour la première fois, la puissance et l'influence de mon statut, de mes connaissances, de mon expertise. J'ai compris que, grâce à mon CV, à mes recherches, à mon doctorat et à mes publications, je pouvais changer le cours de la vie des autres. Ma thèse m'avait apporté beaucoup d'idées sur la manière dont la société pourrait plus efficacement soutenir les familles, dont les services sociaux pourraient mieux profiter aux enfants et à leurs parents. C'était gratifiant.

Lui et moi avons continué à nous croiser. Nous partagions un même but : rendre la vie de ces familles plus facile. Une compréhension mutuelle était née de notre éthique professionnelle, de notre capacité à nous battre pour qu'elles puissent décider elles-mêmes de leur avenir et vivre mieux. Puis la compréhension avait fait place à l'intérêt mutuel.

Mais si l'étincelle avait eu lieu au travail, c'est probablement sur une piste de danse que nous sommes tombés amoureux. J'adorais danser depuis les cours de ballet que j'avais suivis, enfant. Je dansais toujours comme si personne ne me regardait. En dansant, je me laissais totalement aller. J'étais libre. Libre de tout stress, de tous mes problèmes, libre d'être moi-même, aussi. Quand je dansais, j'avais de l'assurance, je me sentais belle.

Il avait vingt-quatre ans de plus que moi et des enfants d'un précédent mariage. Mais ça n'avait pas d'importance. Notre premier rendez-vous officiel eut lieu au *Chao Praya*, un des meilleurs restaurants thaïlandais de Montréal à l'époque. Nous avons partagé une bouteille de vin, parlé de tout librement, comme toujours. Vers la fin du repas, après une pause, je lui ai dit combien j'aimais être avec lui. Combien j'aimais discuter avec lui. Que ma seule inquiétude, c'était qu'un jour, j'aurais envie d'être mère. Que je ne voulais m'investir dans une relation que s'il acceptait l'idée d'avoir un autre enfant.

"Je n'aurais jamais imaginé avoir d'autres enfants..." Sa réponse est restée gravée dans ma mémoire, même si mon cœur n'en a gardé que la seconde partie : "Mais je ne pensais pas non plus tomber amoureux d'une femme bien plus jeune. Quand viendra le moment où tu voudras un enfant, on pourra en reparler."

De ce moment, nous avons suivi la même route. J'étais folle amoureuse. Je pensais qu'il l'était tout autant. Il me donnait en tout cas le sentiment d'être la plus belle femme du monde. En sa compagnie, j'étais totalement vulnérable, sensible, authentique. Il était ma destination, le but de ma vie. J'avais trouvé celui avec qui je passerais le restant de mes jours. Il était à moi, j'étais à lui. Point final. Aucun doute.

J'aimais ma vie. J'étais heureuse. Pour une femme têtue, volontaire, déterminée, avec une carrière exigeante mais couronnée de bons résultats, c'était exaltant. Parce que pour la première fois, ma vie personnelle était aussi pleine de passion que ma vie professionnelle.

Mais à l'approche de mon trentième anniversaire, j'ai réalisé que j'avais un petit trou dans le cœur. Un petit trou que j'avais pu ignorer, au début, mais qui grandissait. Et qui commençait à me tirailler. Je prenais de l'âge, et lui aussi. Et j'ai repensé à la conversation que nous avions eue à notre premier rendez-vous. Je voulais être mère. Alors je lui ai reposé la question.

Nous étions arrivés dans l'impasse. Il m'a répondu d'un non catégorique. Ce qui me laissait un choix déchirant : rester avec celui dont j'étais éperdument amoureuse, ou le quitter pour poursuivre mon impalpable rêve de maternité.

Je l'ai quitté. Le cœur brisé.

CHAPITRE 3

N'ÉCOUTER QUE MOI

Quand j'ai quitté l'homme de mes rêves, j'avais encore l'espoir de rencontrer l'amour de ma vie. Je n'avais jamais rien fait d'aussi dur que de le quitter.

Ma cousine Sylvia et ses enfants étaient là, comme toujours, pour me réconforter. Sylvia m'avait toujours soutenue. C'était ma sœur de cœur – si j'étais Anne Shirley, elle était ma Diana Barry. Son gros rire profond et insouciant était communicatif. Avec ses magnifiques cheveux blond cendré, bouclés, et son enthousiasme, elle pouvait redonner de l'énergie à toute une salle – ou énerver tout le monde. Elle voyait le bon côté de la vie, sa beauté. Sylvia disait les choses franchement, surtout en cas de désaccord. Intelligente, drôle, super forte, elle était la définition même d'une personne pleine de vie.

Sylvia s'était mariée jeune. Elle et son merveilleux mari, gentil et doux, avaient deux enfants adorables. Elle m'avait expliqué une fois que si elle adorait vraiment son mari, l'amour qu'elle ressentait pour leurs enfants surpassait pourtant cet amour-là, aussi fort et merveilleux fût-il.

Et puis la maladie avait frappé. Personne n'avait compris les symptômes manifestés par Sylvia. Les médecins jugeaient qu'elle se les imaginait, qu'ils étaient négligeables – jusqu'à ce qu'ils deviennent impossibles à ignorer : elle s'était réveillée un matin, à demi aveugle et incapable de bouger les jambes. La même semaine, on lui diagnostiquait un cancer du sein avec métastases, d'un type qui ne pardonne pas.

Trois semaines avant Noël, les médecins donnaient six semaines à vivre à Sylvia. Force de la nature, elle a recouru à l'arme la plus puissante de son arsenal et, armée de son amour incommensurable pour ses deux jeunes enfants, a résolu de déjouer les pronostics. Objectif : tenir jusqu'à l'événement familial suivant. Un mois de plus, pour fêter le deuxième anniversaire de son fils. Et encore deux mois, pour voir la naissance de son filleul. Et six semaines à nouveau, jusqu'au cinquième anniversaire de sa fille. À chaque fois, elle demandait aux médecins de l'aider à tenir jusqu'à l'étape suivante.

Sylvia a vécu quatre ans de plus que ce que prévoyait le premier pronostic.

Tellement son amour était fort. Et tellement elle était forte. Après avoir quitté cet homme, aux jours les plus sombres, c'est vers elle que je m'étais tournée.

Sylvia savait que mon cœur s'était arrêté de battre mais elle m'a rappelé que j'en avais toujours un. En sa présence, je n'avais à cacher ni mes sentiments, ni mon abattement, ni mes espoirs. Elle était ma meilleure supportrice, me rappelait qu'il fallait avancer, un pas après l'autre, aussi petits fussent-ils. Et c'est ce que j'ai fait.

Je suis sortie avec d'autres hommes. Ça a été amusant un temps (non, en réalité). Je les comparais toujours à *lui*. Et je n'arrivais pas à me faire à l'idée que j'avais quitté un homme pour devenir mère et que je cherchais maintenant celui avec qui je pouvais le devenir. *Salut, je m'appelle Marjorie, tu me plais bien. Tu veux un enfant ?* Je ne voyais pas comment une nouvelle relation entamée pour la seule et unique raison de procréer pouvait bien se terminer.

Mais mon désir d'être mère était plus fort que jamais. Tandis que Sylvia se battait pour rester en vie, se battait pour ses enfants, j'ai compris que je pouvais reprendre pied et trouver le moyen de réaliser mon rêve d'être mère. Que si ces rencontres ne fonctionnaient pas, il me fallait trouver une autre solution. J'ai trouvé.

J'ai choisi mon donneur de sperme en fonction de la présentation écrite qu'il a fait de lui, de son histoire familiale, de sa personnalité, de ses capacités intellectuelles et de ses références. Je l'ai choisi parce qu'il ressemblait le plus possible, sur le papier, à un homme que j'aurais pu choisir pour faire couple.

L'insémination artificielle a été un parcours de montagnes russes. Analyses de sang, tests d'aptitude psychologique, tests de dépistage du cancer du col utérin, dont l'un a révélé quelques cellules précancéreuses, ce qui a nécessité une opération chirurgicale avant de pouvoir pratiquer l'insémination. Et pendant tout ce temps, je préparais mon corps. Je faisais de l'acupuncture pour augmenter ma fertilité. J'avais cessé de boire du café, pris soin de manger correctement en suivant l'avis de nutritionnistes. J'essayais de faire baisser mon niveau de stress – même si c'était pratiquement impossible, parce que j'avais accepté encore plus de responsabilités et ouvert un cabinet privé. Je passais par des moments de terreur : Et si je tombais malade, ou que je perdais mon boulot, ou que je manquais d'argent, ou que mon bébé était malade ? J'allais être la seule source de revenus du ménage, mais aussi la seule personne à élever cet enfant. Comment faire si j'avais besoin de prendre des congés pour m'occuper de lui, ou me soigner, moi ? Tout cela m'amenait à douter, mais me convainquait également que je ne pouvais faire que de mon mieux et accepter ma situation.

Les trois premières tentatives d'insémination furent des échecs. Au moment où je me demandais si je ne devais pas abandonner ce plan fou, Sylvia fut opérée du cerveau. Elle ne renonçait pas ! Et si elle parvenait, elle, à continuer pour ses enfants, je devais bien pouvoir persévérer pour le mien.

Aux alentours de la septième tentative, j'ai eu un rendez-vous avec mon médecin et je lui ai fait part des notes que j'avais prises concernant ma fertilité. J'avais conclu que l'insémination se faisait trop tard : mon cycle menstruel était plus court, vingt-six jours au lieu de vingt-huit, et donc je devais être inséminée au quinzième jour, et non au seizième. Le médecin ne pensait pas que cela ferait une différence mais je décidai de n'écouter que moi – et mon instinct.

Le 29 novembre 2009, dans une chambre d'hôtel d'Ottawa, après des mois de péripéties, j'ai appris que j'étais enceinte.

Thomas est né avec plus d'une semaine de retard, le 12 août 2010.

Sylvia est morte le 25 octobre 2010. Elle venait d'avoir trente-cinq ans.

Après sa mort, la vie est devenue lugubre. En deuil, toute la famille faisait de son mieux pour soutenir son mari et ses enfants. Elle et moi avions rêvé d'élever ensemble nos enfants, et je lui avais promis d'être là pour eux, après son décès.

Et au moment où nous nous demandions comment nous allions pouvoir fêter Noël, cette année-là, on a diagnostiqué chez mon bébé, Thomas, une malformation cardiaque, une communication interventriculaire. Un trou dans le cœur. Je me sentais coupable. Je l'avais conçu alors que j'avais, moi, un trou dans le cœur, pas encore cicatrisé, d'avoir quitté l'homme que j'aimais, et je me disais que j'avais transmis ce trou à Thomas.

Thomas avait six mois lorsqu'on l'a opéré à cœur ouvert. Le voir partir en salle d'opération si peu de temps après la mort de Sylvia a été très pénible mais il a été exceptionnellement bien soigné, et a totalement récupéré. La cicatrice sur sa poitrine nous rappelle combien la vie est fragile et précieuse. Chaque jour, je le prends contre moi, je pose ma joue sur sa poitrine et j'écoute le son merveilleusement apaisant de son cœur qui bat.

Thomas remis, l'avenir redevenait plein d'espoir. Mon frère venait de se marier, j'avais tourné la page de l'homme que j'avais aimé, j'avais cessé de me languir ou d'espérer que notre relation allait reprendre. J'avais commencé à voir quelqu'un d'autre, et la vie redevenait plus gaie.

Mais un autre drame allait survenir.

CHAPITRE 4

UN BEAU JOUR POUR MOURIR

5 janvier 2012

L e soleil brillait dans un ciel sans nuage. Nous avions subi une rude tempête de neige, la veille, et la lumière, la chaleur du soleil à travers la vitre me rajeunissait la peau. J'étais tout à fait bien. Je profitais de la vie, et j'appréciais pleinement la chance que j'avais. Ma cousine Sylvia était morte depuis un peu plus d'un an, nos cœurs cicatrisaient lentement : le chagrin n'était plus si intense, même si je pensais à elle constamment. Mon fils grandissait bien et notre famille était solide. Nous venions de passer trois jours merveilleux dans le chalet de mes parents.

C'est un endroit fantastique. Deux maisons au bord d'un petit lac, dans un petit village à une heure et demie de route de Montréal, avec beaucoup d'espace pour jouer à l'intérieur comme au-dehors. Mon fils avait seize mois, nous avions passé plusieurs jours à faire des glissades sur un chemin voisin avec ses cousins plus âgés, des forts de neige avec les plus jeunes. Nous avions fait du feu, préparé des hot-dogs, joué à la bataille dans la poudreuse, trois femmes et plusieurs enfants ligués pour essayer, sans succès, de faire tomber mon frère. Nous avions joué à des jeux vidéo, mangé des marshmallows, ri et pris beaucoup de plaisir.

J'avais décidé d'aller travailler deux ou trois jours en laissant Thomas avec ma sœur et mes parents, au chalet. Les festivités avaient duré tard la nuit précédente et j'avais eu du mal à me lever. Quand je suis arrivée à la plus grande des deux maisons, Thomas prenait déjà son petit déjeuner dans sa chaise haute. Ses Cheerios étaient éparpillés sur son plateau comme des briques de Lego et son sourire radieux me réchauffait le cœur. Mon frère et sa famille partaient eux aussi ce matin-là et la maison fourmillait d'activité.

J'ai fait et refait ma valise, incapable de décider quelles chaussures mettre. J'allais en ville, où il était raisonnable de porter mes jolies chaussures de cuir à hauts talons. Mais j'étais toujours à la campagne et ces hauts talons n'étaient pas du tout pratiques pour le bout de chemin que je devais faire entre la maison et ma voiture. Je les ai donc ôtés, remis dans la valise et j'ai enfilé mes grosses bottes canadiennes. Pour le reste, j'avais choisi avec soin mon chandail violet préféré, un jean, un pashmina offert par une amie et mon manteau Columbia noir.

J'ai dit au revoir et j'ai remonté le chemin. Ma mère m'a suivie en disant que j'avais dit au revoir à tout le monde sauf à elle. Je l'ai serrée dans mes bras et je me suis écartée en disant que j'étais déjà en retard. Je ne lui ai pas dit au revoir comme il le fallait.

Je suis montée dans ma voiture à 8 h 35, mes bagages à côté de moi et sur le siège arrière. La route pour rentrer à Montréal n'est pas compliquée : on prend une petite route de campagne qui rejoint ensuite la R-329, qui traverse les Laurentides et ramène à l'autoroute. La petite route sinueuse ne m'inquiétait pas : j'en connaissais par cœur le moindre virage, je l'avais empruntée un milliard de fois. Elle venait d'être déneigée et ma voiture adhérait parfaitement à l'asphalte. Il n'y avait aucun danger.

J'avais besoin d'essence. Je savais qu'au carrefour entre la route de campagne et la R-329, il y avait deux stations-service. J'ai hésité à faire le plein là, ce qui m'aurait mise encore plus en retard au travail. Il était maintenant 8 h 52, ce qui me faisait arriver vers

10 h 30, une heure et demie après l'heure à laquelle je commence habituellement à travailler. Si je savais qu'il y aurait très peu de monde dans les bureaux ce jour-là, j'avais décidé d'y aller pour m'avancer sur certains dossiers. Ce retard, allié au fait que j'avais un vague rendez-vous le soir même – un bon repas préparé, chez lui, par un homme vraiment chouette –, m'a décidée à ne pas m'arrêter faire le plein. Après une dernière hésitation en passant devant les stations-service, j'ai pris la route de Montréal.

La neige fraîche, sur les bas-côtés, scintillait comme du diamant. De temps à autre, je longeais un lac, sur la gauche. Côté droit, la forêt se déroulait à l'infini, ponctuée çà et là d'une maison. Je roulais à la vitesse maximum autorisée, 80 kilomètres à l'heure, sur une route qui semblait sèche. Une voiture, derrière moi, me serrait d'un peu trop près à mon goût. Je me suis demandé comment faire pour lui indiquer de garder ses distances, mais j'ai préféré me concentrer sur ma conduite. En face, un pick-up noir s'avançait vers moi. Tout à coup, ma voiture s'est déportée vers la gauche, et j'ai perdu mon adhérence. J'ai essayé de reprendre ma trajectoire mais ma voiture n'obéissait plus. J'ai pensé à toutes les voitures vues sur le bas-côté de cette route, depuis deux mois. *Voilà ce qui m'arrive.*

Quand ma voiture est repartie vers la droite, j'ai vu une nouvelle fois le pick-up noir, dangereusement proche, et j'ai repensé à la voiture qui collait à mon pare-chocs arrière. Le tout parfaitement synchronisé. J'ai compris que l'accident était inévitable.

J'ai souri – de ce petit sourire en coin qu'on peut avoir quand le destin s'amuse de nous. Tout s'est mis à ralentir, sauf mes pensées.

MERDE. Ma famille ne peut pas subir encore un truc pareil. On a perdu Sylvia il y a un peu plus d'un an, et maintenant, c'est moi ? C'est DINGUE. Et injuste. Mon fils. Mon fils est avec mes parents et ma sœur. Ils l'aiment. Ma sœur a assisté à sa naissance et mes parents passent beaucoup de temps avec lui. Il est heureux avec eux. Il s'en sortira. Et ma famille... Ensemble, ils sont forts. Ils savent affronter le chagrin et le deuil. Ils vont se débrouiller, ensemble. Mais moi ? C'est fou la vie, bordel !

Je me sentais légère, en paix. La mort venait me chercher et je n'avais pas peur. J'étais un peu révoltée que ça m'arrive à moi alors que j'avais beaucoup de projets, mais...

Aujourd'hui est un beau jour pour mourir.

J'étais aussi heureuse que je pouvais l'être. À cet instant, c'était le moment idéal. Je pouvais revenir vers mon Créateur et retrouver ma cousine Sylvia. Je savais qu'elle m'accueillerait à bras ouverts. Une vision de son visage, les larmes aux yeux, s'est imposée à moi. Mais pourquoi était-elle si triste de me voir arriver ?

Merde ! C'est à cause de mon fils !

Si je mourais là, sur place, Thomas allait devenir orphelin. Il n'avait déjà pas de père, et il allait perdre sa mère.

Je n'avais pas assumé tous ces choix difficiles pour en faire un orphelin. J'ai rassemblé toute mon énergie pour repousser l'ange de la Mort.

Je ne mourrai pas aujourd'hui !

Je n'allais pas mourir, parce que c'était impossible. J'avais fait trop de promesses – à mon fils, à ma cousine. Je lui avais promis, avant qu'elle meure, d'être là pour ses deux beaux enfants, de les aimer comme si c'étaient les miens, et de la garder vivante dans leurs souvenirs.

Thomas. Marianne. Et Maxime.

J'ai prononcé ces mots avec tout l'amour que j'avais dans le cœur.

Sylvia, aide-moi à surmonter ça. Aide-moi à survivre.

J'ai fermé les yeux.

Le choc.

« *RÉVEILLE-TOI !* »

C'était Sylvia, qui me chuchotait à l'oreille.

J'ai ouvert les yeux.

Tout était flou. Non seulement j'avais perdu mes lunettes dans l'accident mais mon champ de vision s'était étréci. Je voyais ce qui était juste devant moi, mais tout était sombre. Je ne souffrais pas, ce qui m'a étonnée. J'étais sur le côté droit, maintenue par ma ceinture de sécurité. Je pensais que mes jambes étaient tendues, que mes pieds touchaient les pédales.

Sauf que je n'étais pas certaine de mes sensations. J'avais les jambes gourdes, aussi ; elles me semblaient gonflées comme des marshmallows. C'était bizarre, je n'avais rien ressenti de semblable auparavant. Surnaturel.

Mes jambes... MERDE !

Je me sentais fatiguée, mais j'ai quand même essayé de faire le diagnostic complet de tout mon corps et d'analyser ce qui m'arrivait. Je savais qu'il fallait me préserver, conserver mon énergie en attendant de savoir quoi faire ensuite. Pour l'instant, je ne pouvais rien faire du tout.

J'ai fermé les yeux.

J'ai entendu une voix d'homme à proximité. En entrouvrant les yeux, j'ai perçu une silhouette indéterminée, au coin de l'œil gauche.

Quelqu'un est venu à mon secours.

Ma vue a paru s'améliorer. Dans ma vision périphérique, j'ai cru voir cet homme s'avancer vers ma voiture. Je sentais bien qu'il cherchait à me parler, mais sa voix était très lointaine, creuse.

Mes bras.

J'avais la main gauche le long du corps, la droite sur le levier de vitesse. Mais je n'en étais pas certaine, parce que je n'arrivais pas à les bouger. En fait, je ne les sentais pas du tout.

MERDE !

Je sentais mon cœur, parce qu'il me serrait. Battait, battait. Je me suis affolée, d'un seul coup.

Si je panique, ça va être pire.

J'ai décidé que mes bras étaient plus importants que mes

jambes. Je savais qu'il me faudrait longtemps avant de recommencer à courir.

Mais mes bras. J'en ai besoin. Concentre-toi !

MERDE.

J'étais terrifiée. J'aurais voulu avoir ma mère, là, tout de suite près de moi, mais elle n'était pas là – je savais que je devais être une grande fille.

J'ai inspiré plusieurs fois à fond, et je me suis répété qu'on m'aimait.

Si j'étais incapable de bouger les bras, ça ne marcherait pas.

J'ai besoin de mes bras. Je dois m'occuper de mon fils.

J'avais demandé à survivre. J'avais trompé la mort pour Thomas, pour pouvoir l'élever, comme je le voulais. Il me fallait récupérer mes bras.

Si je retrouve mes bras, je m'en sortirai.

Le cœur empli de cette résolution, et malgré la petite voix qui essayait de me dire à quel point c'était grave, je me suis tournée vers la seule entité qui selon moi pouvait m'aider : Dieu.

Par pitié, rendez-moi mes bras. Si je récupère mes bras, ça ira. Avec mes bras, je peux tenir mon enfant. PAR PITIÉ, RENDEZ-MOI MES BRAS. J'en ai besoin pour prendre soin de lui.

Les larmes ont roulé sur mes joues.

Seigneur... par pitié... Rendez-moi mes bras. Je promets... Je promets que ça ira si vous me rendez mes bras...

Et j'ai senti. Un petit frémissement dans les doigts de la main droite. Et puis le même, côté gauche. Je bougeais les doigts.

Ça marchait !

J'ai essayé de remuer à nouveau les doigts.

Arrête de bouger ! T'es dingue ?!

J'ai compris que bouger risquait d'aggraver les choses.

Ne bouge pas !

J'ai gardé les yeux fermés, mis toute mon énergie mentale à survivre avec le moins de séquelles possibles. Je me suis concentrée sur ma respiration. L'air qui entre par le nez. Qui sort par le nez. Ça m'aidait à me calmer.

Sylvia !

"Ne bougez pas, a dit un homme, le conducteur du pick-up. Les secours arrivent."

Le temps s'écoulait. Les secouristes sont arrivés. Au bruit qu'ils faisaient, ils avaient l'air nombreux. J'ai ouvert les yeux, reconnu leurs uniformes.

Il a fallu un certain temps avant de m'extraire de la voiture parce qu'ils voulaient protéger mon cou. Ils pensaient aussi que ma colonne vertébrale était touchée. Quand ils ont fini par me sortir de ma voiture, ils m'ont allongée sur une civière et m'ont embarquée dans l'ambulance. D'abord jusqu'à l'hôpital le plus proche, où j'ai pu leur donner le numéro de téléphone de mes parents, puis les médecins m'ont fait transférer dans un plus grand hôpital, à Montréal.

Quelle ironie.

C'était à Montréal que je me rendais. Je n'aurais jamais cru y arriver toutes sirènes hurlantes.

CHAPITRE 5

C'EST QUI, LA DAME ?

Cinq jours après l'accident, j'ai demandé à mes parents d'emmener Thomas venir me voir à l'hôpital. Honnêtement, je ne pensais pas rester à l'hôpital cinq jours, j'étais dans le déni le plus complet.

Je savais que Thomas aurait peur en me voyant dans un drôle de lit, avec des tubes un peu partout comme des tentacules de poulpe... et ça n'a pas raté. Il s'est accroché à ma mère comme si sa vie en dépendait. Il a refusé de me toucher, de m'embrasser ou de s'asseoir près de moi. Il a pleuré pendant les deux minutes qu'il est resté là, refusant que moi, sa mère, je le réconforte. Je me sentais inutile, impuissante, à ne rien pouvoir faire pour lui.

Ça m'a fait mal, aussi, que Thomas ne se tourne que vers ma mère pour être rassuré. Elle, était prise entre deux feux. Elle devait rassurer Thomas mais elle voulait aussi m'aider, moi. J'étais sa fille !

Et j'ai ressenti de la colère à l'idée que ma mère allait prendre soin de Thomas alors que je ne le pouvais pas. J'avais tellement désiré cet enfant, et j'étais maintenant obligée de voir quelqu'un d'autre que moi l'élever, ou tout au moins prendre soin de lui, parce que je ne le pouvais pas.

Ma mère a bien compris tout ça. Elle savait que pour que

nous nous en sortions, il fallait que je reste la mère de Thomas, même si je ne savais pas très bien comment. Elle a donc entrepris de me l'amener à l'hôpital tous les jours.

Après les premières visites, où Thomas pleurait tout du long, ma mère a eu une idée. Elle a commencé à apporter sa chaise haute ! Ce qui a semblé fonctionner. Thomas et moi faisions des petits puzzles, jouions avec des blocs, remplissions son cahier de coloriage et regardions ensemble des livres d'images.

Mes parents restaient tout près, au début. Puis ils se sont tenus à l'autre bout de la chambre. Puis de l'autre côté de la porte. Assez proches pour intervenir au besoin, mais assez loin et hors de vue pour que Thomas puisse se réhabituer à moi, sa mère.

À seize mois, Thomas aimait jeter par terre les jouets que ma mère apportait. Il les jetait, les regardait, puis se tournait vers moi. Je regardais les jouets, puis le regardais, lui. Je ne les ramassais pas – parce que ça m'était impossible. Je ne pouvais que hausser les épaules.

Mon père s'est mis à entrer dans la chambre pour ramasser les jouets. Mais c'est devenu en soi un jeu répétitif. Mes parents et moi avons convenu qu'ils ne devaient intervenir que pour des raisons de sécurité ou si je les appelais. Il fallait que je fasse les choses moi-même, que je prenne les décisions pour Thomas et moi, et Thomas devait apprendre qu'avec sa mère, les choses allaient être différentes à partir de cet instant.

Pendant cinq mois et demi, après mon accident, mes parents ont vécu chez moi avec Thomas. Ils pensaient qu'il serait moins traumatisé s'il gardait le même lit, la même maison et les mêmes habitudes.

Tout avait changé pour lui. Et pour moi. Il semblait important qu'il sache que certaines choses resteraient inchangées. Mon amour pour lui, par exemple. Un enfant aussi jeune s'attache à la personne qui s'en occupe tous les jours, qui le réconforte, qui le berce pour s'endormir, qui le prend dans ses bras, qui l'embrasse. Il me fallait donc trouver le moyen de faire tout ça, ou tout au moins de participer à tout ça.

Après six mois de rééducation, je suis rentrée chez moi pour la première fois depuis l'accident. Je débordais de joie à l'idée d'être à la maison avec Thomas ; de peur aussi, en me demandant comment j'allais me débrouiller dans une maison qui n'était pas adaptée à une personne en fauteuil roulant. Je ne savais du tout comment j'allais faire.

C'était un beau vendredi de fin mai, et nous avions des invités au dîner. La table était dressée, dehors, et Thomas jouait dans le jardin, où tous ses jouets étaient éparpillés : le bac à sable plein de petites pelles et de petits seaux, un tricycle, un petit toboggan en plastique.

Thomas voulait glisser sur le toboggan mais comme je ne pouvais pas rouler dans l'herbe tout en évitant ses jouets, j'ai demandé à mon père de rester derrière Thomas, au cas où il tombe. Et comme nous n'avions pas vraiment défini ensemble ce qu'il fallait faire pour être "coparents", mon père a ignoré ma demande en affirmant qu'elle ne se justifiait pas et que Thomas savait très bien grimper au toboggan tout seul. Je n'ai pas cherché à discuter et, plus important, je ne savais pas comment lui faire comprendre que c'était moi la mère, que normalement, je me serais tenue derrière l'échelle du toboggan mais que je n'en étais plus capable et qu'à cet instant, j'avais besoin qu'il le fasse à ma place.

Et bien sûr, ce que je redoutais est arrivé. Thomas a glissé sur la marche la plus haute et est tombé à la renverse. Je ne pouvais rien faire d'autre que rester assise. Dans mon fauteuil roulant, à quelques mètres à peine, paralysée – littéralement – j'ai vu mon fils tomber lentement en arrière.

Mon cri – "Merde, papa, je te l'avais bien dit !" – a déclenché une réaction fulgurante. Mon père s'est levé d'un bond, a retenu Thomas d'une seule main et mon fils est tombé dans une position bizarre, dans l'herbe.

Quand j'avais demandé à mon père de me remplacer, je lui

demandais réellement de l'aide. J'avais besoin qu'il soit là pour mon fils et moi, comme son grand-père l'avait été pour lui.

Pour comprendre ce que je veux dire par là, il faut revenir en arrière, en 1941, dans le Paris occupé par les nazis. À cinq mois, mon père fut envoyé en Normandie, pour être élevé par ses grands-parents. Ceux-ci élevaient également leur fille de dix ans, tout en pleurant leur fils adulte – l'oncle de mon père – mort à la guerre.

Mon père avait besoin de leur affection, et eux avaient besoin des espérances et de la joie qu'offre un tout-petit. La combinaison avait bien fonctionné. Mon père me parlait souvent de son grand-père, son *petit père*, comme il le surnommait affectueusement, avec qui il avait un lien particulier.

Dans le jardin, ce jour-là, une histoire m'est revenue entre toutes les autres. Celle de la fois où le *petit père* de mon père l'avait trouvé, assis au bord d'une de ces falaises de craie blanche qu'on trouve en Normandie, les pieds ballant dans le vide.

Un simple petit garçon de quatre ou cinq ans, inconscient du danger, qui admirait le paysage, son terrain de jeu. Mon père m'avait raconté comment son *petit père* s'était approché, lentement, prudemment, pour le persuader de s'écarter du bord de la falaise et lui avait évité la chute.

Quand Thomas est tombé, ce jour-là, mon père a compris quel précieux cadeau la vie lui offrait. Pour la seconde fois, il appartenait à cette dyade magique, un grand-père et son petit-fils, mais cette fois, c'est lui qui tenait le rôle du *petit père*.

Et j'étais, moi, au bord de ma propre falaise, face à un océan de nouveaux défis. J'étais une fille, adulte, qui avait toujours besoin de son père.

Être parent est un engagement qui dure toute la vie. Nous chérissons nos enfants, et les enfants de nos enfants. Nous les protégeons du danger en espérant qu'en même temps, nous saurons leur apprendre à se débrouiller seuls. Mais parfois, ils tombent, et nous ne pouvons rien faire de plus qu'amortir leur chute et les aider à se remettre debout.

C'est ce que mon père a fait pour Thomas ce jour-là. C'est ce que mes parents ont fait pour moi.

Mon père a compris qu'il lui faudrait être plus qu'un grand-père. Qu'il devait être mes bras et mes jambes s'il le fallait. Il devait être à la demande – à *ma* demande – un parent de substitution.

Les choses ont été plus évidentes et naturelles avec ma mère. Nous n'avons pas eu besoin de planifier, ni de discuter en long et en large. Elle comprenait instinctivement ce que j'avais besoin qu'elle fasse, comment le faire, quand se mettre en retrait ou s'éloigner. Et même si elle se savait capable d'endosser seule le rôle de mère pour Thomas, elle respectait l'espace dont j'avais besoin pour reprendre mon rôle de maman, avec quelques aménagements.

Comme par exemple à l'heure du bain. Donner sans risque le bain à Thomas m'était impossible tant qu'il était tout petit, puisqu'il me fallait au moins une main pour me tenir à mon fauteuil et ne pas tomber. Mélangez un petit qui se tortille et de l'eau savonneuse : vous avez la recette d'une catastrophe. Nous avons traversé ensemble ces moments, grâce à nos bonnes intentions.

Nous nous étions mises d'accord sur le fait que ma mère suivrait mes instructions pour laver Thomas. À l'heure du bain, nous allions tous les trois dans la salle de bain. Je disais quelque chose comme : "Mamie, je crois qu'il faudrait que Thomas se lave les cheveux, aujourd'hui. Tu peux attraper le shampooing et faire ça pour moi, s'il te plaît ?" Puis je m'adressais à lui : "Thomas, n'oublie pas de fermer les yeux pendant que mamie te met du shampooing sur la tête !" Quand les choses se compliquaient, ou que ça ne marchait pas parce que Thomas se montrait peu coopératif, par exemple, mamie m'alertait. Et je pouvais ajuster mes indications pour m'adapter à la nouvelle situation.

Ainsi donc, mes parents suivaient parfois mes indications. D'autres fois, ils les repoussaient et disaient que les choses ne pouvaient pas se faire comme je le demandais. Il m'a fallu apprendre à faire confiance à *leurs* instincts, ne pas oublier qu'ils avaient élevé des enfants avant moi et donc qu'en réalité, ils avaient plus d'expérience que moi.

Et pourtant nous avons réalisé que mon fils suivait plus facilement les directives quand elles venaient de moi ou que mes parents suivaient ma manière de voir les choses. Je savais ce dont il avait besoin. Et il avait confiance en moi.

Nous avons tous dû apprendre à mieux communiquer entre nous, à nous traiter avec plus d'empathie, et à accepter que chacun faisait de son mieux.

Nous avons vite compris aussi que les moments où nous ne nous sentions pas à la hauteur ne se produisaient heureusement pas tous en même temps. Quand mon père manquait d'énergie et était fatigué, ma mère et moi étions capable de prendre le relais ; quand j'avais besoin de faire des pauses, mes parents pouvaient combler les vides, etc. Nous apprenions à faire équipe, à nous soutenir l'un l'autre.

Nous avons aussi dû apprendre quels étaient nos rôles respectifs. Il nous fallait des limites claires – et savoir nous excuser quand nous les franchissions.

CHAPITRE 6

RÊVE DE DANSE

Des sons de batterie. Un rythme qui emplit l'air. Des gens qui rient et chantent, qui chantent et rient, qui s'amusent.

La scène est pleine d'artistes. Aux tables disposées face à la scène, toutes les places sont prises. Sur le côté, un bar. Serveurs et serveuses jonglent avec des shakers d'argent, créent des élixirs aux noms imprononçables et versent des alcools sur des glaçons. L'endroit vibre de possibles.

Je reviens vers la scène, où l'orchestre joue une chanson connue d'Enrique Iglesias.

¡ Bailando ! *En dansant !*

Ma famille est là, ils sont tous là, jeunes et moins jeunes. Et quelques dizaines d'amis. Tous sourient largement. Ils rient, montrent la scène du doigt.

Mon frère, toujours aussi extraverti (surtout après quelques rhums-cola), remue pieds et hanches en suivant le rythme de la batterie. Il veut vraiment gagner la bouteille de rhum promise par les organisateurs : « À votre tour, montez sur scène ! Convainquez le public que vous êtes le meilleur danseur, la meilleure danseuse, et vous gagnerez une bouteille de bon rhum cubain ! »

Je ne sais pas pourquoi ça a tant d'importance, puisque nous *sommes dans un lieu de vacances où tout est compris. Mais mon frère est un compétiteur, et il veut gagner.*

Mais il n'a pas encore gagné. Oh non. Parce que... parce que son concurrent, c'est moi. Et moi aussi, je veux gagner. Et puis danser, c'est mon truc. Je vais convaincre le public que cet honneur me revient. Je monte à mon tour sur scène. Et je danse, je virevolte, libre et sans contrainte.

¡ Bailando !

Et puis je me réveille.

APRÈS L'ACCIDENT, je rêvais encore de mon ancien moi – ou de celle que j'aurais dû être. Chaque jour était un nouveau et douloureux rappel à la réalité toute neuve.

Juste avant mon accident, j'avais tout : mon bébé, ma famille, mes amis, un travail où j'étais utile et où je pouvais aider d'autres gens. Ma vie avait du sens grâce à mon travail, mais aussi grâce aux liens que j'entretenais avec les gens que j'aimais et à ma manière d'aborder la vie.

Après l'accident, j'avais honte de mes incapacités de personne en fauteuil roulant, vivant avec une lésion médullaire. Je redoutais de décevoir (et surtout de me décevoir moi-même) si je n'étais plus capable de faire les choses comme avant. Je refusais d'affronter la dure réalité : quel était le sens de tout ça si, en plus de tout ce que j'avais perdu, je perdais mes capacités à être performante au travail ? Qui allais-je devenir ?

Les patronymes ont longtemps servi à marquer notre fonction dans la société. Chez les Anglo-Saxons, forgerons, serruriers, armuriers portaient le nom de Smith. Ailleurs, Charpentier, Boulanger, Meunier sont des patronymes tirés du travail. Comme Métayer, Couvreur, Tailleur et leurs dérivés. Le Moyen Âge a apporté un sens de l'identité drapée dans l'honneur d'une profession, dans la fierté d'une compétence. Nos noms nous liaient indéfectiblement à notre essence.

J'*étais* mon travail. Il englobait mon identité. *J'étais psychologue.* Retourner au travail m'a en partie ramenée à la "normalité", mais a aussi défait ce que je n'avais pas encore commencé à retricoter. Je n'avais pas voulu voir qu'il fallait que je m'actualise après cette transformation. Il me fallait trouver les moyens d'accepter ce qui avait changé, mais je n'arrivais encore qu'à le nier.

J'aurais dû prendre le temps de la réflexion, préparer la suite, mais je ne l'ai pas fait. Je ne voulais pas voir ce trou noir qui s'était formé sous moi et devant moi.

Et chaque soir, je rêvais que je dansais.

Ces rêves voulaient-ils dire que je cherchais à éviter le travail de deuil ? Mon esprit inventait-il des diversions pour échapper à l'inévitable ? Est-ce que je cherchais à dominer mes émotions au lieu de les accepter ? Je me suis posé ces questions pendant les séances de thérapie qui ont suivi l'accident mais contrairement à mes sessions de rééducation physique, ces séances de thérapie ne m'aidaient pas à me sentir bien. Alors j'ai résisté, nié, évité toujours plus. Comme pour beaucoup de gens ayant subi un grave accident qui a transformé leur vie, pour moi, la réponse à toutes ces questions était "oui".

Dominer ses émotions est peut-être une bonne stratégie pour faire face à une crise de panique, mais pas lorsqu'il s'agit de les dominer pour éviter d'affronter la réalité qui les sous-tend.

Mon problème était le suivant : Je les niais et, ce faisant, je niais le travail de deuil pourtant nécessaire qui était là à m'attendre.

Je refusais d'aborder mes émotions en face. De peur de déclencher un raz-de-marée d'inquiétude auquel je n'étais pas prête. Comme si on me demandait d'avaler un quartier de bœuf entier en un seul repas. Je ne pouvais pas tout digérer d'un coup. Je refusais d'affronter ce que l'accident avait fait de moi. M'avait fait, *à moi*.

Au début, je me percevais comme la victime de mon accident. Quelqu'un d'impuissant, sans défense. Si ça m'était arrivé, ce devait être parce que je l'avais mérité. Parce que je n'étais pas une personne assez bonne. Que j'étais méchante. Ce devait être ma faute, d'une certaine façon, sinon, pourquoi ?

Peut-être me punissait-on. Peut-être parce que je me sentais toujours trop sûre de moi. C'était peut-être pour me donner une leçon. Parce que si j'avais été une meilleure personne, je n'aurais pas eu cet accident.

Toutes ces pensées se mêlaient pour devenir dégoût de moi-même, tristesse, amertume et colère.

Les gens chargés de ma rééducation avaient établi que j'avais besoin de soutien psychologique, et m'avaient attribué une psychologue. Et je n'appréciais pas l'aide qu'elle me proposait.

En tant que psychologue, j'ai toujours eu une approche cognitivo-comportementale : une situation se présente à nous, nos pensées orientent alors notre vision ou notre perception de la situation, et ceci affecte les sentiments et les émotions qui y sont liées.

Une psychologue recourant à cette approche cognitivo-comportementale aurait pu m'aider à identifier ces pensées, à y travailler et à remettre en question leur bien-fondé.

Mais celle que je voyais au centre de rééducation n'était pas de cette école. Elle était nouvelle, et moins expérimentée que moi. En tout cas c'est ainsi que je la percevais, que ce soit vrai ou non. À notre première séance, j'ai senti qu'elle voulait me faire parler de l'accident. En vérité, elle m'avait demandé de parler de ce que je voulais. Je pensais que j'avais besoin de parler de l'accident et, pendant toute l'heure de la séance, j'ai parlé de tout ce que l'accident m'avait fait perdre. J'ai pleuré. J'ai eu envie de mourir. J'ai pensé que j'aurais dû demander à mourir, ce jour-là, dans la voiture, au lieu de demander à vivre. Le flot de douleur et de désespoir que mes paroles ont fait resurgir m'a précipitée dans une spirale négative, rapprochée de l'abîme. *Pourquoi avais-je survécu ?* J'étais un fardeau pour tout le monde. Un poids mort.

La psychologue s'est contentée d'écouter. Elle n'est pas intervenue. N'a pas remis mes pensées en question. Elle ne m'a pas aidée à voir mes forces. Elle ne m'a pas soutenue activement. Elle est restée assise sans rien dire. Tout le bien que m'avait fait l'heure de rééducation physique précédente, elle l'a défait. En une heure.

En tout cas, c'est ce que j'ai ressenti. C'est ce que je me suis dit.

J'y suis retournée une seconde fois, mais ça ne s'est pas mieux passé. Mon humeur, ma motivation, ma détermination à reprendre le dessus se sont envolées, comme des feuilles mortes dans un ouragan.

Je n'y suis jamais retournée. Je l'ai récusée. La suivante aussi.

LE DEUIL EST comme un vieil ami qui vous rend visite de temps en temps, apportant avec lui en cadeau consolation et chagrin.

Intellectuellement, je savais qu'il me fallait passer par ce deuil pour tourner la page. Au fond de moi, je savais qu'il me fallait arriver à accepter que les choses étaient différentes – que j'étais différente. Mais je ne m'autorisais pas à le voir et refusais de passer par ce deuil.

Même si, par magie, j'avais pu remarcher, ma perspective avait changé à jamais. J'essayais de revenir au moi d'avant l'accident. Mais ce vieux moi n'existait plus et je devais l'accepter.

Pourtant, je continuais de le refuser.

Je refusais de voir que mon handicap affectait forcément tous les aspects de ma vie, travail compris.

En évitant ce processus de deuil, mon ancien moi m'empêchait de faire entrer en scène mon nouveau moi et d'apprendre à le connaître.

Le deuil est comme une tante excentrique qui a roulé sa bosse et qui demande qu'on l'accepte telle qu'elle est. Quand elle vient vous voir, elle est toujours un peu envahissante, à vous montrer ce qu'elle a rapporté des quatre coins du monde. Ses cadeaux sont parfois dérangeants mais nous offrent néanmoins un peu de sagesse.

Le deuil peut nous conduire à réexaminer notre identité.

Qui étais-je ?

Qui suis-je à présent ?
Qui vais-je être ?
Pourquoi suis-je née ?
Quel était mon but ?
Quel est mon but ?
Que suis-je censée faire, ou être ?
Qu'est-ce qui fait de moi ce que je suis ?
Tant de questions.

TANT QUE J'AVAIS du mal à accepter mes nouvelles limites, ces questions nouvelles : "qui suis-je ?" et "qui vais-je être ?" me paraissaient sans réponse. Insurmontables.

Après l'accident, je me sentais non seulement flouée parce que je n'étais plus valide, mais, le temps passant, j'avais de plus en plus de mal à sentir que j'appartenais à une nouvelle catégorie. Je ne cessais de me comparer à ceux qui avait le mieux réussi dans cette communauté toute neuve pour moi. Chantal Peticlerc et Rick Hansen sont deux des athlètes paralympiques canadiens les plus titrés. Peticlerc est championne de course en fauteuil, détentrice de records du monde, et siège au Sénat canadien. Rick Hansen, connu sous le nom de "l'homme en mouvement" depuis son périple de 40 000 kilomètres autour de la Terre en vingt-six mois, a créé la fondation qui porte son nom pour promouvoir un monde sans barrières pour les handicapés. Ces deux-là semblent avoir tout surmonté.

Rick et Chantal ont tous deux été touchés à la moelle épinière à la suite d'un accident, comme moi. Mais ils étaient adolescents quand ils ont perdu l'usage de leurs jambes. Et si je savais que ç'avait dû être dur pour eux de s'adapter à cet âge critique de leur développement, je me disais que, comme ils étaient beaucoup plus jeunes, le fait d'être en fauteuil avait fini, d'une certaine manière, par faire partie de leur identité. À l'inverse, j'avais construit la mienne avec trente-quatre ans d'existence sans fauteuil. Je ne pouvais pas m'identifier à eux.

Il y avait d'autres exemples de gens handicapés de naissance – leur identité était bien affirmée. Eux avaient vécu sans *avant* et sans *après*. Ils avaient toujours su qu'ils pouvaient faire certaines choses, et pas d'autres. Ils n'avaient pas eu besoin de s'adapter à un changement.

Presque tous ceux à qui je me comparais devenaient parents. Des parents avec un handicap, tout comme moi. Comment pouvaient-ils être des parents heureux sans même évoquer leur état physique ? J'avais l'impression de ne pas être à la hauteur, parce que je n'étais pas heureuse d'être une mère avec un handicap physique. J'étais en colère. Triste. Furieuse. Enragée.

Mais surtout, j'étais perdue.

Personne ne me ressemblait. Personne n'avait été une professionnelle en pleine réussite qui avait tout perdu dans un accident de voiture. Personne n'avait dû affronter un redoutable processus de rééducation tout en étant parent d'un petit garçon à un stade crucial de son développement.

Ma conception de mon rôle de mère avait été réduite en miettes. Et faire le deuil de ce rôle me conduisait à une succession de renoncements qui paraissait sans fin. Chaque bataille devenait un nouveau renoncement.

Et à chaque renoncement, je perdais un peu du lien avec mon entourage, avec ceux qui étaient comme moi, avec ceux qui étaient comme mon moi d'avant.

Je n'avais plus qu'une envie : me rouler en boule. Impossible. J'avais un fils à élever. Je devais prendre des décisions qui engageaient notre avenir : où allions-nous vivre et comment, puisque notre ancienne maison était pleine d'escaliers. Et en plus de ça, je devais mener une bataille à plein temps contre les compagnies d'assurance.

Chaque jour, je rencontrais de nouvelles limites, de nouveaux défis, de nouveaux renoncements.

En rééducation, je découvrais ce que je pouvais encore faire, mais aussi ce que je ne pouvais plus faire. Et tous ceux qui me disaient de voir le verre à moitié plein obtenaient la même réponse : "Merde !"

Devenir paraplégique n'a pas été que la perte de l'usage de mes jambes, l'impossibilité de me lever, de marcher. La paraplégie s'est accompagnée de toute une série de renoncements secondaires. Et ce sont eux qui ont été les plus pénibles, car ils semblaient modestes jusqu'à ce que je perçoive leur impact.

Je n'accepterai jamais le fait de ne plus pouvoir marcher, de ne plus contrôler mes intestins et ma vessie, ni l'impact dramatique que ça a sur ma santé. Je n'ai jamais été femme à accepter des limites. Ce que j'accepte, c'est de me débrouiller avec ce que j'ai pour travailler à me défaire de ma colère et de ma tristesse. Je peux aussi me concentrer sur ce que je suis capable de faire pour être le moins dépendante possible, tout en renonçant à ce que je ne peux plus faire toute seule.

Avec une moelle épinière endommagée, il me fallait de la détermination pour trouver de nouvelles manières d'être indépendante. Il me fallait du courage pour affronter la douleur qui accompagne les épreuves physiques ou émotionnelles. Et il me fallait de la patience pour garder un tant soit peu de maîtrise de soi et d'humilité.

Je devais cesser de me comparer ou de me sentir en compétition avec les autres. Je devais accepter d'être moi-même, je l'avais bien compris. Mais pour cela, il fallait que je reconnaisse mes propres vulnérabilités.

CHACUN VIT LE DEUIL DIFFÉREMMENT, et à son propre rythme. Dans mon cas, faire le deuil de mon ancien moi passait par l'action. Au moment où je le jugeais bon. Je devais donc trouver ce qui me correspondait. Mon deuil est aussi unique que mes yeux, mes paumes de mains, mes empreintes digitales. Je suis la seule personne à vraiment savoir ce dont j'ai besoin.

Et il me fallait accepter le fait de passer par ce travail de deuil, reconnaître son importance.

J'ai appris à accepter toutes mes émotions en me répétant que le deuil et la joie peuvent exister dans un même espace. J'ai appris que la tristesse, le sentiment de perte ou la colère pouvaient pirater chaque instant, que l'affliction survenait souvent au moment le plus inopportun – mais les moments ne sont-ils pas tous inopportuns ?

À travers rééducation et réflexion, j'ai compris qu'il m'était impossible d'assumer tous les rôles auxquels je m'accrochais (professionnel, notamment) et être en bonne santé. Et l'idée que je ne pourrais plus faire autant d'efforts ni exceller comme avant dans chacun de mes rôles me pétrifiait, me déstabilisait. Mon accident avait fait une autre victime : mon moi le plus profond, psychologiquement et émotionnellement.

Pour aller de l'avant, j'avais besoin de fermer quelques portes derrière moi – et de voir celles qui s'ouvraient, devant.

Neuf ans après mon accident, je me suis mise à longuement réfléchir à qui je voulais être. Les questions qui jusque-là me paralysaient de peur laissaient entrevoir un peu d'espoir pour l'avenir. La question de ce que j'allais pouvoir faire désormais était la prémisse d'un objectif plus vaste : je pouvais encore mieux défendre les parents handicapés puisque j'en étais un moi-même.

Mais d'abord, il a fallu que je m'effondre – émotionnellement.

Chapitre 7

Sept verres

Comme je m'identifiais à mon travail, j'essayais de garder la qualité de services que notre équipe avait toujours fournie, et je travaillais plus que je ne le devais. Je voulais encore être tout ce que je pensais devoir être, faire tout ce que je pensais devoir faire, comme avant. Je m'étais plongée dans le travail pour masquer le fait que mon accident m'avait changée. Mon niveau de stress crevait le plafond.

Retour au travail

Je me suis remise à travailler très vite – six mois environ – après mon accident parce que ma mère se désespérait de ne pouvoir me soulager de mon désespoir.

Les jours où je n'avais ni distractions ni séance de rééducation, et que Thomas était à la garderie, l'angoisse me poussait à me cacher sous les draps – je restait littéralement enfouie sous les couvertures. Et ma mère a fini par me suggérer de retourner travailler.

J'ai fait défiler le scénario dans ma tête.

En tant que coordinatrice de services publics et que psycho-logue, je passais le plus clair de mon temps dans un fauteuil. *Oui*. Case cochée.

J'étais assise à un bureau, devant un ordinateur. *Oui*.

Je travaillais avec du papier et des stylos. *Oui*.

Je développais des idées, j'étais capable de trouver des solu-tions. *Oui*.

Ainsi, tous les lundis, mon père ou ma mère me déposaient ou venaient me chercher au bureau (je n'avais plus aucune intention de recommencer à conduire). J'y passais quatre heures, pour me réhabituer au travail. Pas tout à fait dans mon rôle d'avant l'acci-dent, mais plutôt comme une sorte de stagiaire.

De retour dans mon ancien bureau. *Oui*.

De retour parmi mes amis et mes collègues. *Oui*.

Sentir que je pouvais à nouveau être utile. *Oui*.

Faire mon possible pour être à la hauteur de mon ancien moi. *Oui*.

Je ne pouvais pas passer plus de quatre heures au bureau, parce que les toilettes n'étaient pas encore aménagées pour mon fauteuil roulant. Cela finirait par changer. Mais en ce printemps 2013, un nouveau déchirement est venu s'ajouter à tout le reste : ma directrice nous a annoncé qu'elle était promue.

Peur que la nouvelle direction ne comprenne pas mes besoins. *Oui*.

Peur de ne plus être soutenue dans mon retour au travail. *Oui*.

Triste de ne plus avoir la même proximité avec ma patronne, qui était aussi mon amie et mon mentor. *Oui*.

Abattue parce que je n'allais pas pouvoir suivre son chemin et postuler pour la remplacer : *Oui*.

Anéantie parce que je voulais lui succéder. *Oui*.

Si je n'avais pas eu cet accident, la prochaine étape naturelle était de postuler pour la remplacer. Dans mon fauteuil roulant, avec mes besoins et mes limites physiques, je ne pensais pas pouvoir le faire.

Je suis allée la voir pour la féliciter. Quand elle m'a annoncé qu'elle envisageait ma candidature pour la remplacer, j'ai pleuré. Je lui ai répondu que ce n'était pas possible, puisque j'étais en fauteuil roulant.

"Pourquoi ? Quels obstacles y vois-tu ?" m'a-t-elle demandé.

Et pour chaque obstacle que je citais, elle a trouvé ou suggéré différentes solutions.

Pour chacun, sans exception.

Elle était prête à faire tous les ajustements nécessaires pour que je puisse être candidate à son poste et lui succéder.

C'est ainsi que je suis devenue directrice des services professionnels.

Ces premières années, mon travail a été ma bouée de sauvetage. Je pensais que tout le reste allait se mettre en place du moment que je travaillais. Mon boulot me recentrait, me permettait d'être inventive dans mes contributions et de garder du lien avec les autres.

Tous mes collègues ont fait des sacrifices, d'un genre ou d'un autre, en prenant une plus grande part de travail ou en échangeant certaines tâches avec les miennes. Mon handicap n'avait pas affecté ma capacité de réflexion mais je n'étais plus aussi endurante. Je ne pouvais tout simplement plus travailler sous pression pendant d'aussi longues périodes qu'avant mon accident. Mais j'essayais de le nier et je me forçais.

Ce que je ne voyais pas, c'est l'impact que mon travail allait avoir sur mon état de santé général. Mon besoin de poursuivre mon objectif, de répondre à ma vocation, m'aveuglait.

J'ai commencé par prendre du poids, ce qui en retour m'a fait perdre de la force dans les bras, a diminué ma capacité cardio-respiratoire, ma mobilité, altéré mon équilibre et ma posture physique. Des douleurs dans les épaules et la nuque sont apparues. Plus important, cette perte d'énergie physique a eu un impact sur le temps que je passais avec Thomas.

Pendant plus de deux ans, j'ai donné la priorité à mon travail, négligé ma santé physique et mentale. Cette prise de poids m'empêchait de devenir autonome. Les douleurs dans les épaules m'empêchaient de prendre part à certaines activités.

Pas de hobbies. *Oui.*

Pas d'activités déclenchant des émotions positives. *Oui.*

Une vie sentimentale impossible. *Oui.* (Qui s'intéresserait à moi dans cet état ?)

J'étais seule. *Oui.* (Certaines amitiés n'avaient pas résisté à ma nouvelle réalité.)

Je rentrais tard le soir. *Oui.* (Mon véhicule adapté arrivait souvent en retard).

J'étais une mauvaise mère. *Oui.* (Trop concentrée sur et trop stressée par mon travail).

Tout ce que je voulais, c'était aller me coucher ou travailler plus pour rattraper mon retard. Alors je criais sur Thomas et j'essayais d'écourter ses rituels du soir. Je voulais qu'il s'endorme le plus vite possible pour pouvoir retourner devant mon ordinateur ou passer un coup de fil.

Au bureau, il me fallait régulièrement changer de vêtements et de couches, à cause de mes incontinences. Personne ne savait que le divan de mon bureau n'était pas fait pour s'y asseoir durant les réunions, mais pour que je m'y installe pour changer de vêtements quand c'était nécessaire. Faire un cathétérisme en retard, c'était augmenter les risques d'infection urinaire et d'incontinence, qui pouvaient m'empêcher de sortir de chez moi pendant parfois toute une semaine. Et si je gardais trop longtemps une couche mouillée, j'augmentais le risque d'escarre, ce qui m'aurait obligée à rester des mois au lit avant de guérir.

Je n'avais pas mesuré l'énergie mentale dont j'avais besoin pour préserver ma santé physique – que devais-je manger et en quelle quantité, combien de transferts (entre mon fauteuil et une voiture, par exemple) j'étais capable de faire chaque jour, quelle quantité d'eau il me fallait boire – en plus de celle qu'il me fallait pour être mère célibataire et cadre de haut niveau. Prendre soin de mon corps n'avait pas été ma priorité et tout devenait trop pénible.

Et puis une bombe a éclaté : tout le système de santé et les services sociaux allaient être réorganisés, des gens qui comptaient pour moi allaient partir en retraite anticipée ou être nommés ailleurs. Ma directrice allait partir. Il n'y aurait plus personne me connaissant et sachant ce que je pouvais apporter. On avait annoncé des coupes budgétaires laissant présager des suppressions de services, et j'ai compris l'impact qu'elles allaient avoir sur les usagers, les familles et le personnel. Je me sentais comme le dernier pilier qui soutient l'édifice. Et j'étais à nouveau confrontée aux limites imposées par mon nouvel état.

Assise seule à mon bureau dans la pénombre, porte close, en larmes, j'ai réalisé que depuis des mois, je disais au revoir à des gens de mon équipe sur le départ tout en reprenant pour moi des piles de leurs dossiers. Celles et ceux qui restaient frappaient à ma porte pour se plaindre de toutes ces nouvelles contraintes, qui n'avaient aucun sens et qui nuisaient à nos usagers. Pendant des mois, entre deux de ces doléances, j'ai fermé ma porte, éteint la lumière et pleuré, incapable de m'arrêter, jusqu'à ce qu'on frappe à nouveau à ma porte ou que l'alarme de mon téléphone m'annonce la réunion suivante.

Je n'avais jamais vraiment cessé de travailler et je continuais à dire oui à tout ce qui se présentait, en dépit de mon nouvel état physique et psychologique. Je n'avais pas pris le temps de recharger mes batteries, d'analyser ce que mes lésions impliquaient, et ça se retournait contre moi.

Et puis je suis tombée de mes grands chevaux. Épuisement. J'ai craqué mentalement, jusqu'à présenter des troubles de l'adaptation, une dépression caractérisée, une réaction post-traumatique à retardement et une anxiété généralisée. Je suis partie en congé.

SI L'ÉPUISEMENT professionnel n'est pas la meilleure façon de prendre des congés, ce fut un mal pour un bien, qui m'a obligée à revoir mes priorités. En m'accrochant à mon moi d'avant l'accident, j'avais fait passer ma santé physique au second plan. J'avais arrêté de bouger, pensant à tort que ça n'avait plus d'importance puisque j'étais paralysée. Mais ne pas bouger du tout raidit le corps. Tous les corps. Ne pas faire d'exercice érodait ma force et mon endurance. Et comme mon corps s'engourdissait, mon esprit s'affaiblissait. Le manque d'activité m'affectait mentalement plus que je n'aurais pu le croire : je n'arrivais plus à réfléchir et je n'arrivais plus à m'exprimer. Mais j'avais toujours besoin de me sentir productive.

Je me suis donc remise à faire régulièrement de l'exercice. J'ai commencé doucement, quelques minutes par jour sur mon vélo à main. J'ai augmenté progressivement, jusqu'à pouvoir en faire une heure, six fois par semaine. J'y ai ajouté une heure par semaine d'exercice sur une GEO, machine qui ressemble à un tapis de jogging mais munie d'un harnais, qui me maintenait debout pendant que le tapis oblige mes jambes à bouger comme si je marchais. Ce qui me donnait l'occasion de tenir debout et de transpirer.

Tous ces exercices ont amélioré ma fréquence cardiaque. Mais surtout, ils m'ont donné un but : retrouver un corps sain et un esprit fort. En m'exerçant, je ne pensais à rien d'autre. Ça me soulageait, me libérait. J'étais plus concentrée, plus résolue. Ça fonctionne encore aujourd'hui.

ALLER DE L'AVANT EN PRENANT SOIN DE SOI

L'énergie est comme de l'eau dans un verre : si j'en gaspille trop un jour, je n'en aurai pas assez pour le lendemain.

Chaque semaine, dans ma banque personnelle, sur le compte où je mets ma force, je dépose un gallon d'eau qui représente l'énergie disponible pour les sept jours qui viennent. J'ai un verre vide pour chaque jour de la semaine. J'ai appris à choisir lesquels de ces sept verres je vais remplir d'eau (d'énergie), et je sais que si je verse toute l'eau dans les trois premiers verres, ils vont déborder et gaspiller de cette eau si précieuse. Pire, il n'en restera plus pour les quatre derniers jours.

Je choisis donc soigneusement la quantité d'énergie à dépenser (ou à préserver) chaque jour. Si Thomas doit aller à un événement ou à un spectacle après l'école, je peux choisir de mettre plus d'énergie dans le "verre" de cette journée ; du moment que je prévois d'en mettre moins dans celui du lendemain.

Si je ne fais pas passer en premier mes propres besoins, l'épuisement survient, je deviens moins patiente, moins positive et plus incohérente. En cherchant à rester disponible pour mon fils, j'ai appris que je devais l'être pour moi-même.

Dans cette analogie avec l'eau, l'énergie dont je parle n'est pas que physique. Elle est aussi mentale et émotionnelle. C'est l'énergie qu'il faut pour me préparer chaque matin, et aussi pour que Thomas soit prêt également. J'ai mon propre emploi du temps et ma liste de choses à faire, en plus des siens. Je dois jongler avec plusieurs emplois du temps, m'assurer que tout est fait, bien fait, enregistré et classé. Je dois nous entretenir financièrement et émotionnellement, trouver un équilibre entre mon devoir de travailler et de gagner de l'argent et celui de passer de bons moments avec fils.

Il y a toujours des ajustements nécessaires. Que faire d'abord ? Est-ce que j'ai oublié quelque chose ? Où sont mes clés ? Est-ce que Thomas a assez d'argent sur sa carte de cantine ? Est-ce qu'on va aller cueillir des pommes ou est-ce qu'il a trop de devoirs à faire ? Et pendant que je pense à tout ça, je peux être assez distraite pour laisser tomber un pot de sauce tomate par terre, toutes mes inquiétudes se répandent au sol, rouges et gluantes. Ma nouvelle priorité est alors de nettoyer le sol et d'éviter le verre cassé, synonyme – pour de vrai – de risque de crevaison.

Quand je ne suis pas en pleine forme, je ne peux pas tout faire, tout suivre. Quand je le suis, je m'en sors. Mais pour être en bonne forme, je dois prendre du temps pour moi. La dichotomie est intéressante, mais tout à fait vraie.

J'arrive mieux maintenant à savoir quels sont les jours où j'aurai besoin de mettre plus d'énergie dans le verre, et quels sont ceux où je peux en verser moins. J'ai appris que je dois faire attention à mes propres verres d'eau avant de pouvoir être utile aux autres, et en premier lieu à mon fils Thomas.

CHAPITRE 8

IL ÉTAIT UNE SECONDE FOIS

Quelques jours après mon accident, alors que j'étais toujours raccordée à des tubes, le personnel médical qui me soignait a voulu me faire asseoir, pour préparer mon corps et mon esprit à l'idée de me lever (ou plutôt m'asseoir), d'être debout, active, d'une manière ou d'une autre. Je n'avais pas encore commencé à récupérer, et sortir du lit a été un vrai supplice.

Pour commencer, il fallait me placer dans une sorte de corset maintenant en place ma nuque et ma colonne vertébrale, pour éviter de nouvelles lésions et pour s'assurer que les greffes osseuses prenaient correctement et se ressoudaient. Deux personnes étaient nécessaires pour ça.

Pendant que j'étais encore allongée, une personne me tournait sur le côté et me maintenait, pour pouvoir décoller mon dos du matelas et permettre à la seconde personne de mettre en place l'arrière du corset orthopédique. Une fois en place, on me faisait me rallonger sur cette partie du corset. Pour l'adapter à ma posture, il fallait me rouler une nouvelle fois sur le côté, ajuster et me remettre sur le dos, jusqu'à ce que cette partie dorsale soit parfaitement en place. Puis ils plaçaient la partie frontale, l'attachaient avec du Velcro sur la partie arrière. Et réajustaient l'ensemble pour maintenir parfaitement mon cou et mon menton.

La pose du corset demandait plus de dix minutes, parce qu'il fallait aussi vérifier que mes vêtements ne faisaient pas de plis susceptibles de causer des plaies.

Une fois le corset ajusté, il fallait me rouler une nouvelle fois sur le côté pour placer sous mon pelvis le harnais qui allait permettre de me soulever jusqu'au fauteuil roulant. Ils me redressaient ensuite, et plaçaient des oreillers sous mes bras.

C'était bien pire que la position la plus inconfortable que j'eusse jamais éprouvée. J'avais l'impression d'être sur un de ces instruments de torture du Moyen Âge. Un démembrement au sens propre : on me découpait, on me désossait, on m'écartelait. La douleur était plus forte que celle de mon accouchement – qui avait été très pénible.

Le gros problème, c'est qu'une fois installée dans mon fauteuil roulant, le personnel soignant devait aller s'occuper d'autres patients. Et que je ne pouvais pas bouger toute seule. J'étais dans un corset qui m'immobilisait la tête, l'empêchait de bouger indépendamment du reste de mon corps, et en même temps tout mon corps était paralysé. Moins de cinq minutes plus tard, je me mettais à gémir.

Si je bougeais d'un centimètre, les oreillers sous mes bras risquaient de tomber et de me faire souffrir encore bien plus parce que je n'avais pas la force de lever seule les bras. Quand on me laissait plus de vingt minutes dans le fauteuil, mes gémissements se muaient en cris. Je suppliais la première personne qui passait dans le couloir de m'aider.

Même quand j'appelais ou que je pressais la sonnette d'appel, on me laissait dans cette position pendant deux heures – le temps nécessaire aux médecins pour faire leurs visites. Quand je refusais d'aller dans le fauteuil, le personnel me faisait bien comprendre que si je n'y allais pas, je retardais le moment de ma rééducation : la rééducation n'était accessible qu'aux gens qui pouvaient s'asseoir dans un fauteuil.

Quoiqu'il en soit, la première fois qu'on ma mise dans un fauteuil, j'étais toujours dans le service des soins intensifs. On m'a laissée dans le fauteuil pendant près d'une heure mais mon infirmière était près de moi, me faisait changer de position et l'ajustait pour éviter la douleur. Pour passer le temps, je lui ai demandé de quoi écrire. J'avais besoin d'écrire ce qui me passait par la tête.

Trois jours après mon accident, plusieurs choses me revenaient en boucle à l'esprit : je revivais l'accident, et je pensais à l'avenir. Je me sentais tenue de mettre toutes ces pensées par écrit.

De mon fauteuil, j'ai commencé par écrire une lettre au fils du médecin des soins intensifs qui me soignait. Il savait que nos enfants étaient à peu près du même âge. Mon histoire l'avait ému. Il passait de longues heures dans le service, restait sept jours sans voir son fils chaque fois qu'il était de garde. Je voulais que celui-ci sache que son père soignait merveilleusement bien ses patients, qu'il sache le bien qu'il *nous* faisait – à nous, ceux qu'il soignait. Ce jour-là, écrire m'a aidée à penser à autre chose qu'à la douleur insoutenable. Écrire m'a libérée, m'a aidée à guérir – et l'écriture m'aide toujours aujourd'hui.

Pendant des années, j'ai écrit tous les jours, certains plus que d'autres. J'écrivais quand quelque chose se produisait, qu'une difficulté survenait, qu'un moment heureux me surprenait. J'ai tenu un journal de bord, celui de mon voyage pour me remettre de lésions médullaires. Au bout de six ans, j'ai fait de ces notes la première version de ce livre. Et un an plus tard, j'en ai repris substantiellement le contenu et le format, au vu de ce que j'avais appris depuis et qui me permettait de voir les événements passés sous un nouveau jour. Puis je l'ai révisé une troisième fois, avant de trouver une maison d'édition.

Chaque grande relecture me donnait une compréhension nouvelle, éclairait ma conscience : une nouvelle leçon ici, une nouvelle leçon là... Chacune me permettait de réécrire ma vie, au sens propre, tandis que je reprenais chaque chapitre.

Et à chaque fois que j'écrivais, je devenais un peu plus confiante en celle que j'étais devenue à cause de ces difficultés.

C'est ainsi que l'écriture est devenue un outil de guérison.

À l'approche du dixième anniversaire de mon accident, j'ai ressenti le désir de partager mon histoire, ouvertement et sincèrement. En la partageant, j'ai compris encore un peu mieux que ma vie devenait plus stable.

Et quand cet anniversaire est arrivé, j'ai réalisé que j'avais eu, physiquement, besoin d'aide pour élever Thomas, les premières années, mais que je n'en aurais pas éternellement besoin. C'était une aide circonstancielle ; avec le temps, cette aide physique allait devenir moins nécessaire. Et reprendre mes notes m'a aussi rappelé que même les années les plus difficiles avaient été ponctuées de nombreux moments joyeux. Mettre mes pensées par écrit puis les relire m'a permis de mettre mes forces, mon courage, ma résilience et ma croissance post-traumatique en valeur.

Dans ce nouveau récit, je pouvais choisir de mettre l'accent sur mes forces, sur ce qui m'avait permis de survivre et de me rétablir. Les forces qui s'étaient développées *à cause* de mon handicap. Je pouvais donc me demander quels étaient les éléments en moi qui m'avaient permis de survivre.

Ainsi, j'ai pu trouver, identifier ces différents éléments. Je n'avais pas besoin de redéfinir qui j'étais puisque ces éléments étaient déjà en moi – j'étais déjà là !

La sincérité de ma plume (ou de mon clavier) m'a aidée à régler le sentiment d'imposture que je ressentais. Je me suis servie de l'écriture pour nommer cet imposteur – celui du syndrome éponyme. Une fois cet imposteur nommé, j'étais mieux armée pour reconnaître que mon moi fort et compétent le dominait largement.

Être sincère m'obligeait à dire quand j'étais irritable, terrifiée ou triste, mais aussi à reconnaître les moments où je me sentais plus forte, pleine de compassion ou d'initiative.

Écrire m'obligeait à être attentive. Ça m'aidait même à écouter les autres parce que, avec l'écriture, j'apprenais à m'écouter moi-même. Je suis tombée amoureuse du récit. Quand nous racontons nos histoires, nous nous comprenons mieux et nous laissons un héritage aux autres – notre histoire est aussi faite d'héritages laissés par d'autres qui se superposent.

Le mode de narration que nous utilisons nous donne du pouvoir sur nos émotions. En nous exprimant de diverses façons, nous construisons un récit qui influe sur nos sentiments et, de cette manière, nous apprenons. Nos journaux, nos discours, nos lettres sont des enseignants pour nous.

Il ne s'agit pas d'ignorer les périodes difficiles. Il s'agit de les percevoir avec sincérité et de les mettre là où elles peuvent refléter la lumière. Et de reconnaître que chaque période pénible, chaque émotion négative et chaque expérience difficile, peuvent être vues sous un angle opposé, ou différent, à condition d'avoir le courage de se tourner et d'observer.

On peut regarder les nuages de pluie dans le ciel et penser qu'on n'aime pas la pluie. Ou on peut les regarder en pensant que la pluie est nécessaire pour que les plantes poussent. Ce n'est pas toujours drôle de se faire mouiller par une averse mais c'est ce qui permet à l'arc-en-ciel de percer les nuages.

Aller de l'avant, dans une nouvelle histoire

Cette re-narration me donnait de la force, car j'avais désormais la maîtrise de ce à quoi je voulais donner de l'importance dans mon histoire. C'est vrai, j'aurais pu insister sur les terribles difficultés que j'ai eues à m'adapter après mon accident, ou sur le décès de ma cousine, ou même sur ma séparation amoureuse. Mais je pouvais aussi insister sur le fait que je m'étais adaptée, que j'avais de merveilleux souvenirs avec des personnes que j'avais profondément aimées, et que ces expériences me montraient que je pouvais, que je devais célébrer la vie et la chance que j'avais d'être vivante.

CHAPITRE 9

PARLONS DU CAPACITISME

Être capable, c'est avoir la maîtrise de ma vie et des choix que je fais. Ça n'a rien à voir avec le fait d'être capable de marcher ou de tenir debout. Je *suis* capable, inventive, parce que je trouve de nouvelles manières de vivre en étant dans un fauteuil roulant.

Chaque jour, le monde me rappelle qu'il n'a pas été construit en tenant compte des personnes en situation de handicap. Une bonne partie des gens utilise encore le terme "handicapés", en omettant de dire que ce sont d'abord des personnes, et qu'elles ne se définissent pas par leur handicap. Nous vivons dans une société essentiellement *capacitiste*, ou *validiste*.

Que signifie ce terme ?

C'est la croyance fondamentale que les gens présentant un handicap ont besoin de compensations. Que c'est leur handicap qui les définit. Tout comme le racisme et le sexisme établissent des hiérarchies nocives, le capacitisme, ou validisme, met en avant des stéréotypes nocifs et procède à des généralisations inappropriées. Le capacitisme, c'est se baser sur le principe que les capacités ordinaires, usuelles, sont les meilleures.

Au niveau institutionnel, le capacitisme peut être une absence de conformité aux lois sur le handicap ou bien la ségrégation de certains étudiants ou élèves. C'est l'absence d'inclusivité dans les projets que nous faisons et à bien des égards, nous n'avons pas beaucoup avancé depuis l'eugénisme du début du XXe siècle, lorsque beaucoup de gens ont été stérilisés de force.

Dans la vie quotidienne d'aujourd'hui, le capacitisme, c'est choisir une salle non accessible à tous pour une réunion, c'est publier des articles de journaux qui dépeignent le handicap d'une personne comme un simple exemple à suivre, c'est manquer de respect à quelqu'un en se servant de son fauteuil roulant pour y appuyer la main ou le pied (oui, certaines personnes font ça). Ça peut même être se servir de toilettes accessibles alors que d'autres, non-accessibles, sont libres. Combien d'entre nous ne l'ont-ils pas fait ? Parler à un adulte ayant un handicap physique visible comme à un enfant, décider de pousser une personne en fauteuil sans le lui demander ou sans attendre sa réponse si vous lui proposez de l'aide sont des comportements capacitistes.

Le capacitisme inclut toute forme d'expression recourant à des préjugés négatifs pour plaisanter : « C'est boiteux, ton truc... », « Tu es mongolien ou quoi ? », « Prends tes gouttes ! » Et des commentaires tels que : « Je ne te vois pas comme une handicapée, pour moi tu es tout à fait normale. »

Voilà en résumé, le capacitisme.

Pour lutter contre le capacitisme, la chose la plus importante à faire, c'est de s'assurer que les gens présentant un handicap participent aux prises de décisions. Il y aurait de quoi en faire un autre livre.

J'avais en tout cas besoin d'aborder cette question du capacitisme parce qu'il joue un rôle important dans de nombreux concepts qui m'étaient familiers avant mon accident et auxquels je me suis heurtée ensuite.

Le capacitisme est un ensemble de croyances, de processus et de pratiques qui, en fonction des capacités que l'on montre ou qui ont de l'importance pour nous, crée une façon particulière de comprendre le soi, le corps et les relations avec les autres être humains, les autres espèces et son propre environnement, et inclut la façon dont les autres nous jugent.

Wolbring, 2008 (traduction de l'auteure)

J'avais été la victime de mon propre discours capacitiste. Des valeurs telles que productivité, efficacité, rapidité, performance, perfection et excellence étaient au centre de la personne que je j'avais voulu être.

Le capacitisme était une construction centrale, cruciale, dans la façon dont je me définissais moi-même. Mes valeurs essentielles, reposant sur ce capacitisme, étaient liées à des notions de travail supplémentaire, de dépassement d'objectifs, de réussite dans tous les domaines. Je consacrais toute mon énergie au travail. Tout comme je m'étais consacrée entièrement à tous les aspects de ma vie : la maternité, l'entretien de la maison, l'amitié ou la famille. Je faisais tout à 100 %. Je faisais tout ça, j'y arrivais très bien, j'en étais fière – par présomption, peut-être.

Et le concept de capacitisme s'accompagnait d'une prime à l'apparence physique. Si je ne remplissais pas exactement les critères pour être mannequin chez Victoria's Secret, je m'étais toujours trouvée jolie. Je prenais soin de moi et de la façon dont je présentais mon corps au monde. Le capacitisme était enraciné chez moi et imprégnait la perception que j'avais de ma place dans la société.

Les résultats ont été dévastateurs. Les autres étaient habitués à Marjorie-qui-en-faisait-toujours-plus. J'étais habituée à Marjorie-qui-en-faisait-toujours-plus. Alors j'ai fait semblant. J'étais un imposteur, une fraudeuse. Chaque jour, je faisais semblant que tout était normal. J'allais au travail, je souriais, je riais, je semblais heureuse.

Mais je me sentais morte en-dedans. Vide, laide. Seule. Et cette solitude renforçait ma crainte d'être impossible à aimer.

Même mon burnout a été une façade inconsciente pour cacher ma dépression caractérisée, mon stress post-traumatique chronique et mes symptômes d'anxiété généralisée.

Et puis un jour, il a été temps pour moi de voir, de voir vraiment, mon véritable reflet dans la glace.

CHAPITRE 10

LES REGRETS—CE QU'ON AURAIT DÛ, CE QU'ON AURAIT VOULU, CE QU'ON AURAIT PU...

Quand j'étais une personne valide, j'avais l'impression de toujours chercher à tendre vers la perfection. Et même quand je n'étais pas à la hauteur de mon objectif, je pensais pouvoir l'atteindre grâce à mon expérience et à mes capacités. Être productive, m'engager dans de multiples projets me rendaient visible aux yeux des autres. Et cette visibilité me donnait une forme de légitimité, parce que je donnais plus de valeur à l'avis et à l'opinion des autres qu'aux miens. L'approbation des autres me confirmait dans ce que je pensais être. Mes réussites me montraient que j'étais quelqu'un de particulier, et je pensais avoir besoin d'être quelqu'un de particulier pour pouvoir être aimée.

Mais tendre vers la perfection voulait aussi dire que je ne valais que par ce que je venais de faire. Que je cherchais sans cesse à ajouter une ligne à la liste déjà longue de mes réussites, à décrocher un nouveau titre, un nouveau rôle, à dire oui à toute opportunité, à vouloir être importante, irremplaçable. C'est ainsi que je nourrissais mon amour-propre.

Nous étions en automne. Les arbres étaient nus et leurs feuilles rousses tapissaient le sol. C'était le lendemain d'Halloween. Je m'étais beaucoup amusée à promener Thomas dans le quartier, en lui apprenant poliment à réclamer des bonbons. J'étais là, réchauffée au-dedans comme au-dehors, emmitouflée dans le bonheur.

Bien sûr, cette vie de rêve datait toujours d'avant le 5 janvier 2012.

En me réveillant de ce rêve, j'ai pensé que si toutes les injustices du monde étaient réparées, que si dans mon monde tout était parfait, je serais allée avec ma cousine et nos mères accompagner nos enfants faire le tour du quartier pour réclamer des bonbons ou "menacer" d'un mauvais tour. Les hommes seraient restés à la maison à boire de la bière, à manger de la pizza et à distribuer des bonbons aux enfants qui viendraient à notre porte.

La réalité, c'est que je devais me faufiler avec mon fauteuil parmi la foule, pour voir de loin mon fils aller sonner de porte en porte et crier : « Des bonbons pour Halloween ! » Nous étions loin d'un monde parfait.

Les stratégies qui fonctionnaient bien avant mon accident étaient devenues inefficaces. Elles ne faisaient même qu'aggraver la situation. Je décortiquais beaucoup trop chaque chose. Parce que j'étais psychologue, je me disais que *j'aurais dû* être capable d'éviter la dépression, l'anxiété et le stress post-traumatique ou, au moins que *j'aurais dû* être capable de me redéfinir et de me rééduquer. En tant que psychologue clinicienne, *j'aurais dû* réussir à positiver, parvenir à la *croissance* post-traumatique au lieu de souffrir de *troubles* post-traumatiques. Et chaque réflexion sur ce sujet débouchait sur un fort sentiment de honte et de déception. Ces "j'aurais dû" entretenaient des émotions négatives qui, à leur tour, augmentaient mes souffrances.

Ma notion de perfection se heurtait au corps dans lequel je me trouvais, parce qu'elle supposait des critères que je ne pouvais plus respecter. J'étais donc en échec. Pire, *j'étais* un échec. Je n'étais donc plus personne. Et tout était ma faute.

Plus je m'enfonçais dans la dépression, plus je me sentais mal parce que c'était l'illustration parfaite de ce que je croyais être devenue : une perdante. Je ne pensais plus qu'à mon handicap et à ce que je ne pouvais plus faire.

SIX MOIS APRÈS MON ACCIDENT, j'ai fait mon premier déplacement professionnel. Pour la première fois depuis que je travaillais dans le domaine de la parentalité et des parents présentant une déficience intellectuelle, l'*International Association for the Scientific Study of Intellectual and Developmental Disability* (IASSIDD) a tenu une conférence à Halifax, en Nouvelle-Écosse. J'étais membre actif de son Special Interest Research Group (SIRG) depuis quinze ans et j'avais prévu d'assister à la conférence depuis qu'elle avait été annoncée, plusieurs années auparavant.

Au début, j'ai cru que je ne pourrais pas m'y rendre. Ce fut un des premiers de ces renoncements secondaires qui me chagrinaient tant. J'allais manquer la conférence à laquelle j'avais prévu d'assister depuis si longtemps. J'allais manquer cette occasion de retrouver amis et collègues.

"On y va !", a dit ma mère. La liste des choses pour lesquelles elle ne pouvait pas m'aider était longue mais là, elle pouvait facilement faire quelque chose. Elle était certaine qu'avec son aide, je trouverais le moyen d'y aller. J'ai résisté, lui ai énuméré toutes les raisons pour lesquelles ça ne marcherait pas, j'ai mis en doute sa théorie qui veut qu'il y ait une solution à tout.

Elle est venue à une de mes séances d'ergothérapie et a demandé à mon thérapeute ce qu'il convenait de faire. Nous avons établi un plan. Mon thérapeute nous a répété plusieurs fois que des imprévus allaient survenir mais que si nous partions avec un état d'esprit positif, constructif, nous y réussirions.

Mon père a trouvé une chambre d'hôtel avec des toilettes adaptées. Nous nous sommes renseignés pour savoir si la compagnie aérienne pouvait me prendre en charge. Nous avons même loué une maison dans le Nouveau-Brunswick pour passer de brèves vacances en famille après la conférence.

La première semaine de juillet, nous avons pris l'avion pour Halifax, et j'ai assisté à la conférence. Pour que je ne manque pas de sommeil, mes parents ont proposé de prendre Thomas avec eux dans leur chambre. Après tout, deux personnes valides devaient être mieux à même d'assurer la routine du coucher qu'une personne avec un handicap, n'est-ce pas ?

Allongée sur mon lit, prête à m'endormir, j'entendais de l'autre côté de la cloison Thomas rire, son lit grincer tandis qu'il sautait dessus pendant que mamie et papi lui disaient : « Viens ici ! » ou « Non, Thomas ! » en essayant désespérément de le calmer.

Ma mère et moi avons échangé des sms, je lui demandais comment ça se passait avec Thomas et elle reconnaissait qu'ils avaient du mal. Ils ont dû faire semblant d'aller se coucher comme lui à 19 h 15, en espérant que cette petite terreur de deux ans s'endorme. Ma mère me textotait de sous ses couvertures.

Depuis, j'ai réalisé que je me débrouillais mieux que mes parents pour mette Thomas au lit. Ma définition de la parentalité idéale a bien changé, ce soir-là. Ce fut une bonne leçon, qui a infirmé l'idée que deux personnes valides pouvaient mieux qu'une maman avec un handicap imposer le rituel du coucher à son enfant de deux ans, même dans une chambre d'hôtel. J'ai appris ce jour-là que même les gens sans handicap ont du mal à accomplir leurs tâches parentales. J'ai compris que le handicap n'avait rien à voir avec les difficultés que j'affrontais en tant que maman. Thomas avait deux ans, et il testait nos limites. Ça n'avait rien à voir avec mon fauteuil roulant, et tout à voir avec son stade de développement.

Tous les parents sont las des conflits, doutent d'eux-mêmes et se fatiguent énormément. Je n'étais pas la seule. Et mes difficultés de mère n'avaient rien à voir avec le fait que j'étais en fauteuil roulant.

Lors de mon burnout (dépression caractérisée, stress post-traumatique à retardement, anxiété), j'essayais d'être aussi parfaite qu'avant, d'être maman, de travailler à plein temps et d'enseigner sans avoir fait les ajustements nécessaires à ma réalité nouvelle de personne paraplégique. Je me disais que je devais garder le cap. Et que le seul moyen d'y arriver, c'était d'ignorer mes sentiments et de me concentrer sur l'aspect physique des choses. D'être forte physiquement et suffisamment autonome pour m'occuper de mon enfant, de mon petit garçon. Je m'occuperais de mes sentiments le moment venu. J'étais psychologue, j'étais sûrement capable de déceler les signes de détresse et de troubles psychologiques quand ils surviendraient – s'ils survenaient.

Mais ce fut contre-productif. Destructeur. Bien sûr, ça s'est retourné contre moi.

Renoncer à tout ce qui ne m'était plus utile était le plus grand défi de ma vie. Cela signifiait-il que je devais renoncer à mon travail ? À la maternité ? Je ne voulais pas le savoir, de peur que la réponse ne soit radicale.

J'aurais voulu pouvoir m'occuper de mon fils, personnellement, physiquement, entre ses seize mois et ses vingt-et-un mois. C'eût été idéal.

Mais ça n'avait pas été possible.

En vérité, nous avons été ensemble chaque minute de chaque jour. Parce que je mettais toute mon énergie à pouvoir le retrouver. Tout mon travail de rééducation était guidé par mon amour pour lui. C'était un fait : je ne pouvais pas être physiquement avec lui avant d'avoir réappris à être autonome dans ma vie quotidienne. Ce dur travail de rééducation donnait un sens, un but à ma séparation physique d'avec Thomas. Le but, c'était d'être aussi forte et indépendante que possible pour pouvoir jouer mon rôle de mère le mieux possible à l'avenir. Pas à la perfection peut-être, mais suffisamment bien.

Pour réellement y parvenir, il fallait que je renonce à l'idéal de parentalité qui me servait d'étalon, que je renonce à la réussite professionnelle qui me guidait auparavant, à la culpabilité de ne pas offrir à Thomas la vie parfaite que j'avais envisagée pour nous deux, que je m'étais promise. Et il était primordial d'accepter qu'il n'existe pas de boule de cristal.

Qui sait comment j'aurais traversé la "crise des deux ans", des trois, des quatre ou même des cinq ans en tant que parent valide ? J'aurais eu du mal, de toute façon.

Il me fallait évacuer, chasser la version idéalisée, fausse, de ma vie sans handicap. Croire qu'être valide m'aurait permis de tout faire à la perfection et me garantissait de ne pas avoir de problèmes ou de difficultés était un pur fantasme. Mais comme beaucoup de personnes ayant vécu un accident traumatique les ayant laissés, pensent-ils, amoindris, je fantasmais – et pas qu'un peu.

Et puis il y avait la culpabilité, la colère, la tristesse, le désespoir. Il fallait, aussi, m'en débarrasser.

Je conceptualisais le monde qui m'entourait avec ce perfectionnisme, j'y intégrais mon "moi d'avant parfait". J'étais une capacitiste qui se jugeait et s'offensait elle-même. Pour m'épanouir, il me fallait découvrir la véritable Marjo, et mesurer toute la différence qu'il y avait entre cette Marjo authentique et la Marjo capacitiste.

ALLER DE L'AVANT, IMPARFAITEMENT PARFAITE
Chacun fait du mieux qu'il peut.

C'est devenu mon mantra. Cela m'aidait à relâcher un peu la pression. À la relâcher beaucoup, en réalité. Le nœud dans mon estomac qui m'empêchait de respirer parfois m'a quittée. Disparu.

Ce fut une révélation : nous avons tous des difficultés, nous avons tous des défis à relever et nous faisons tous de notre mieux.

Je savais que c'était vrai pour les autres. J'avais simplement besoin de le voir aussi pour moi. J'avais besoin de compassion envers moi-même. Et de gentillesse. Il fallait que je sois gentille avec moi-même. Si je pouvais comprendre que mes amies étaient prises dans la même tempête que moi, même si nous n'étions pas exactement dans le même bateau (le même fauteuil, en l'occurrence), je verrais bien alors que nous ramions toutes.

Dans mon fauteuil, depuis mon fauteuil, je pouvais encore m'efforcer d'être la meilleure version possible de moi-même sans céder à ces tendances perfectionnistes autodestructrices qui m'avaient très certainement conduite à la dépression.

Mon chemin devait passer par l'acceptation de l'idée que l'imperfection était, en fait, parfaite.

C'est peut-être la peur qui nous force à nous accrocher, mais c'est la sagesse qui nous tape sur l'épaule et nous demande de lâcher prise.

CHAPITRE 11

UN PRIVILÈGE DOULOUREUX

Dès le moment où j'ai repris conscience après l'accident, la douleur est devenue une constante dans ma vie. Je vis avec des douleurs chroniques de différentes sortes. Les sensations et leur intensité varient, je les sens dans tout mon corps et ce qui les déclenche est variable également.

Je sens des fourmis sur toutes mes jambes, en particulier sous mes plantes de pied, et je ne peux rien y faire. Ce sont comme de petites aiguilles, des petits points de douleur qui vont et viennent, comme si de grosses gouttes de pluie martelaient l'intérieur de ma peau.

Je ressens une douleur assez similaire à la hauteur de ma lésion, la vertèbre T2 ; c'est comme si un élastique de quelques centimètres de large me comprimait tout le tour du torse, juste sous les aisselles. C'est un inconfort permanent, une irritation incessante. Et à l'endroit de cet "élastique", je sens parfois surgir des douleurs intenses, soudaines, atroces, comme si on me lardait de coups de poignard.

D'autres fois, je sens comme si des cloques se formaient, comme si ma peau était exposée à une flamme. Le moindre contact, le moindre mouvement, en fait, augmente encore la douleur.

Et puis ma tête, mon cou et mes épaules, ces parties indépendantes les unes des autres, s'unissent pour héberger une douleur d'une grande intensité. De temps à autre, après une séance d'exercice un peu poussée, ou à cause d'une mauvaise position dans mon fauteuil ou d'un stress important, j'ai d'horribles maux de tête nerveux. Qui commencent par des élancements sévères qui vont de la nuque jusqu'au fond des yeux. La douleur me laisse sans énergie. Je n'arrive pas à réfléchir. J'ai du mal à respirer. Je n'arrive même pas à garder les yeux ouverts. Je ne peux que me tenir la tête, recroquevillée dans mon lit, et me balancer comme un bébé en essayant de chasser la souffrance. Dans ces moments-là, je suis incapable de m'occuper de moi ou de mon enfant. J'ai seulement envie que ma mère soit là pour me prendre dans ses bras.

La phase intense de mes maux de tête peut me torturer pendant des heures, puis passer au second plan pendant plusieurs jours, tout en me disant qu'elle est prête à revenir sur le devant de la scène. Ma nuque et mes épaules me réservent aussi des souffrances bien à elles – elles ont leur club privé, pour ainsi dire.

Dans mes épaules, il y a de nombreux points de pression, dont certains juste à côté de ma cicatrice, le long de ma colonne vertébrale, là où on a inséré des vis pendant l'opération. Et puis il y a la douleur entre les omoplates, et des points douloureux juste sous mes aisselles, à l'attache des muscles du dos. Et aussi les petits pectoraux, devant les épaules, qui relient les muscles de ma poitrine au dessous de mes aisselles. Tous ces petits muscles si utiles et nécessaires pour pouvoir bouger les bras se contractent ou se raidissent de temps à autre. J'arrive parfois à détendre cette zone avec un massage du coude ou avec une balle de massage.

Sans avoir étudié le système nerveux ou musculaire, je connais très bien le chemin des trois nerfs qui apportent les sensations et la sensibilité dans les bras. J'ai suivi ce parcours de la douleur tant de fois que j'en ai perdu le compte.

En plus d'avoir les mains irritées, je sens un pincement qui provient de ma nuque, traverse les coudes et se plante dans mes paumes. Mes mains se contractent et s'engourdissent. Quand je me sers trop de mes pouces, à cause des tractions que je fais régulièrement dans mon fauteuil ou parce que j'ai beaucoup roulé, la douleur aux mains et aux pouces devient insoutenable. J'ai l'impression d'avoir le pouce contusionné, surtout à sa base. C'est là que se trouve le canal carpien – je le sais, j'ai appris son emplacement quand je ne supportais plus la moindre pression, le moindre poids à cet endroit.

Ensuite, il y a un autre canal qui va de l'extérieur de mon épaule à l'angle de mon coude et jusqu'au poignet. Celui-ci est souvent douloureux, surtout quand ma tendinite affaiblit mes muscles.

Toutes ces sensations peuvent me couper le souffle. Je me retrouve à ne plus pouvoir rien faire, à part essayer de ne pas hurler.

Et puis il y a les douleurs fantômes que je ressens dans les jambes (autour des articulations, surtout) ou dans le ventre. Celle des jambes est intense, elle enfle jusqu'à me donner la sensation qu'on m'arrache la jambe, oui, et qu'on la dissèque, qu'on l'ouvre à vif. Cette douleur fantôme, quand elle survient, peut durer plusieurs jours d'affilée et m'empêcher de dormir. Quant à celle de mon ventre, elle est bien restée toute une année. Malgré toutes les palpations, manipulations et imageries possibles, les médecins n'en ont jamais trouvé l'origine.

Combien de fois peut on prononcer le mot douleur ?

Vous connaissez la réponse, je le sais : une infinité de fois.

La douleur est un phénomène intéressant. Elle fait souffrir, évidemment, et on la perçoit comme une chose négative qu'on n'a aucune envie de ressentir mais j'ai appris qu'elle servait de système d'alarme. Elle est là pour nous dire que quelque chose ne va pas, ou que quelque chose va empirer. Vu sous cet angle, la douleur est une bonne chose.

Je la ressens chaque jour. Je sens différentes formes de douleur, de durées différentes, et à des moments différents. La douleur fait maintenant partie de mon état et je dois vivre avec. La douleur est là pour me rappeler qu'il s'est passé quelque chose dans cette voiture, et que je suis paraplégique (comme si j'avais besoin d'un rappel !) Je dois vivre avec elle. Et l'accepter pour ce qu'elle est. C'est comme ça.

Plusieurs années après mon accident, avant le début d'une réunion, certains cliniciens présents dans la salle m'ont parlé d'un projet de recherche auquel ils travaillaient, qui était lié à l'usage de la réalité virtuelle. Ils m'ont proposé un essai.

J'ai chaussé de drôles de lunettes qui m'ont propulsée dans un monde virtuel. Visuellement, j'avais accès à un monde derrière moi, devant moi et sur les côtés. On m'a alors demandé de baisser les yeux et, ce faisant, j'ai vu des jambes et des pieds. Et puis ces jambes ont commencé à marcher. On m'a demandé d'imaginer que c'était mon cerveau qui activait les muscles de ces jambes et les faisait marcher. En gros, je devais me concentrer sur ce que j'aurais pu ressentir si je marchais, et envoyer les signaux nécessaires à la marche. Et tandis que je "marchais", le programme de réalité virtuelle produisait des sons comme si je le faisais réellement. J'ai été surprise de constater qu'après seulement cinq minutes passées à me concentrer sur ces jambes et à les *voir* marcher, beaucoup de sensations douloureuses avaient disparu. Et après cette marche virtuelle, les douleurs ont mis plusieurs jours à revenir. Maintenant quand je ressens des douleurs fantômes, je ferme les yeux et m'imagine marcher, comme dans le système de réalité virtuelle, et je sais que la douleur refluera plus rapidement.

Aller de l'avant malgré une souffrance aiguë

Mais, recherche sur la réalité virtuelle mise à part, la douleur est une réalité avec laquelle j'ai appris à vivre.

J'ai appris que nous souffrons quand nous résistons à ce qui se passe.

Nous ne voulons pas souffrir. Nous n'aimons pas souffrir. Et donc nous résistons. Et ce à quoi nous résistons persiste !

N'importe quelle douleur sera pire si je suis stressée – y compris si ce stress vient de ce que je me suis enfermée dans l'idée que je veux que les choses soient comme avant.

Nous pouvons affronter toutes sortes d'inconforts – allant d'une douleur physique atroce à la détresse émotionnelle – en nous montrant curieux. Si je me penche sur cette douleur ou cet inconfort et que je l'aborde avec curiosité, les choses peuvent changer. Cesser de vouloir que les choses soient comme avant offre la possibilité de comprendre la douleur.

Ne penser qu'à l'impact négatif de la douleur augmente ma souffrance. Mais comprendre que la douleur est un signal, une alarme qui me dit quand quelque chose ne va pas, peut l'atténuer.

Et puis il y a le fait que même si je souffre constamment, j'aimerais souffrir davantage. J'aimerais que toutes les parties de mon corps puissent m'envoyer des signaux sur ce qu'il se passe, et à quel endroit. Une partie du chemin à faire, pour moi qui ai subi des lésions à la moelle épinière, c'est d'accepter et de comprendre que mon cerveau ne peut plus envoyer efficacement de signaux à la partie de mon corps située au-dessous de l'endroit de la lésion. Ce qui veut dire que je dois trouver d'autres moyens de vérifier que mon corps fonctionne bien.

Toutes ces douleurs que je ressens, petites ou grandes, peuvent déclencher détresse, misère, agonie, torture, angoisse. Chaque jour, je décide de ne pas laisser la douleur m'entraîner dans cette direction. Mon accident m'a déjà privée de trop de choses, alors je persévère. J'essaie de ne pas laisser la douleur m'empêcher de profiter de ce que m'offre la vie avec mon fils et ma famille.

J'ai appris à gérer la douleur. Le souffle est un outil incroyable. Tout comme les poches de gel froid/chaud dont je me sers pour obliger mon esprit à se concentrer sur la sensation de froid ou de chaud afin d'oublier la douleur. Les massages et la physiothérapie, les exercices de renforcement et d'étirement, et les outils de repositionnement me sont aussi utiles et nécessaires pour que mon corps reste en bon état.

N'oublions pas la douleur psychologique, ce mal aigu qui se faufile partout dans mon corps. Quand ma souffrance est liée à ce que j'ai perdu, je peux me concentrer dessus, perdre encore plus et donc souffrir encore plus, ou je peux penser à des moments joyeux passés avec les personnes que j'aime.

Tout change. Rien n'est permanent. Un bonheur vient. La douleur vient. Et un nouveau bonheur arrive.

CHAPITRE 12

REFAIRE LA MISE AU POINT

près avoir assisté à cette conférence de Halifax, mes parents, Thomas et moi sommes restés une dizaine de jours dans une maison que nous avions louée. Nous voulions faire tout ce qui pouvait plaire à un bambin de deux ans, donc nous avons passé beaucoup de temps à la plage. Mon père avait trouvé un endroit relativement bien adapté où nous pouvions aller et où je pouvais accéder en fauteuil roulant.

Ce que j'entends par "relativement bien adapté", c'est que, depuis la route, l'escalier était assez large pour que mes parents puissent me hisser, une marche à la fois, jusqu'à une plateforme assez grande au sommet des dunes de sable, qui donnait sur une autre série de marches descendant vers la plage. Nous avions imaginé que je pouvais rester sur la plateforme pour voir Thomas jouer dans le sable et courir dans l'eau avec mes parents, ou que ceux-ci pouvaient me descendre, marche après marche, puis me pousser sur le sable sec (très difficile en fauteuil roulant) jusqu'à un endroit où je m'installais sur un drap de bain. Comme ça, je pouvais faire des châteaux de sable avec Thomas.

Le premier jour où nous avons fait tout ça, tous les gens sur la plage nous observaient. Comme des animaux dans un zoo – ou plutôt des animaux échappés d'un zoo. Ils nous regardaient en essayant de ne pas paraître trop insistants tout en étant incapables de détourner les yeux. Sur notre gauche, il y avait une famille de quatre personnes, les parents et deux filles de dix et douze ans environ. Il y avait des dames plus âgées qui prenaient le soleil, sur le sable ou sur des matelas pneumatiques, dans l'eau. Je devais les étudier, moi aussi, observer qui nous regardait parce que j'ai remarqué dans une des familles un homme incroyablement musclé. Et en regardant ces gens qui nous dévisageaient, j'en ai conclu qu'ils étaient un échantillon de population assez représentatif.

Je jouais avec Thomas et quand il voulait aller à l'eau, mes parents l'y emmenaient. Nous sommes restés trois ou quatre heures à jouer ainsi, toujours sous les regards des autres.

Nous sommes revenus au même endroit le lendemain. Les gens se sont à nouveau tournés vers nous lorsque nous avons repris le même emplacement sur la plage. Mais cette fois, la plus jeune des deux petites filles est venue nous voir avec son père. Elle a demandé si elle pouvait jouer avec Thomas, et a proposé de l'emmener patauger là où il n'y a pas beaucoup d'eau. J'ai accepté de bonne grâce, sachant que cela offrait à mes parents un répit bienvenu. La petite fille a passé du temps à faire des châteaux de sable avec Thomas et à courir en jouant à chat avec lui. Il a adoré. Quand nous nous sommes préparés à partir, le père de la fillette a offert de nous aider à remonter l'escalier et à aller jusqu'à la voiture. Ce qui a permis à ma mère de porter toutes nos affaires et de donner la main à Thomas. Une fois arrivés à la voiture, nous nous sommes séparés, et le papa de la petite fille nous a promis d'être là la fois suivante pour nous aider.

Lorsque nous sommes revenus pour la troisième fois, il était déjà sur l'escalier pour guetter notre arrivée. Au lieu de nous observer, il nous attendait. Dès qu'il nous a vus, sa fille est venue chercher Thomas, libérant ainsi ma mère. Et comme l'homme s'apprêtait à aider mon père à me faire descendre l'escalier, l'homme super musclé que j'avais vu précédemment les a rejoints. J'ai été portée comme Cléopâtre par ces deux beaux gaillards jusqu'à l'endroit qui était devenu le nôtre. On ne nous regardait plus comme des animaux ; notre courage et notre ténacité les avaient inspirés. Et cette inventivité, cet amour et cette gentillesse dont nous faisions montre nous inspiraient les uns les autres.

Ce jour là, j'ai eu envie de me baigner, sans avoir la moindre idée de la manière dont j'allais pouvoir me mettre à l'eau. Mes parents avaient eu l'idée d'apporter un drap de lit sur lequel je pouvais me mettre, pour qu'ils puissent ensuite me mener jusqu'à l'eau. À nouveau, nous avons exécuté notre projet aux yeux de tous. Mais ça m'était égal, tant que je pouvais me baigner dans l'océan.

Quand nous sommes arrivés le quatrième jour, les habitudes et le rôle de chacun étaient bien établis. La fillette s'est occupée de Thomas, les hommes m'ont portée et mes parents ont déposé nos affaires à notre emplacement "officiel". Nous étions accueillis par des sourires et non plus par des regards insistants. Même les femmes plus âgées, spectatrices plus discrètes, sont venues me proposer un de leurs matelas gonflables. Elles avaient compris qu'il était plus simple et plus sûr pour moi de flotter sur un de ces matelas plutôt que de me faire porter sur un drap blanc.

J'aurais pu terminer mon histoire en m'arrêtant à ces regards insistants. J'aurais pu dire à mes parents, après la première fois, que je ne voulais pas revenir à cet endroit où on me regardait comme un animal de cirque et non comme une personne ordinaire. Je n'en ai rien fait. Et en changeant notre point de vue sur ces personnes, nous avons contribué à changer leur façon de nous voir, nous. Nous avons tous appris les uns des autres, et saisi l'occasion d'avoir une perspective plus large. À la fin de cette semaine-là, nous n'étions plus qu'une famille parmi d'autres, allant à la plage pour s'amuser.

MON ACCIDENT N'A PAS AFFECTÉ que moi. Il a eu un impact sur mes parents, ma sœur, mon frère, mes amis et mon fils. Mais plus que l'accident, ce sont mon désir et ma volonté de continuer à vivre et à participer aux activités de mon fils ou à celles de ma communauté qui ont affecté mon entourage, y compris les personnes que je n'avais pas encore rencontrées. Et je dis que cet impact a été positif. Quand on sensibilise des inconnus au fait qu'il existe des parents en situation de handicap, qu'ils veulent vivre comme toutes les autres personnes mais que ces parents présentant des handicaps ont besoin d'être aidés par des dispositifs adaptés, alors c'est la vie de tous qui s'améliore.

Sur cette plage de Halifax, tous ces gens ont vu qu'une personne en fauteuil roulant avait les mêmes désirs que les leurs. Ils ont aussi découvert notre histoire, et vu qu'un handicap est quelque chose qui peut toucher n'importe qui. Qui aurait pu les toucher, eux. À l'inverse, j'ai appris combien, au fond, les gens, la plupart des gens sont bienveillants et serviables mais ne savent parfois pas comment l'être.

J'ai souvent entendu des gens présentant un handicap dire qu'ils détestent qu'une personne valide leur demande s'ils ont besoin d'aide. Certains l'interprètent comme du dénigrement, de l'infériorisation. Mon expérience est différente. J'y vois la gentillesse de gens qui essaient d'aider. À tout le moins, ces gens reconnaissent et acceptent ma présence ce qui, selon moi, est une bonne chose.

Faut-il encore faire l'éducation de tous sur les droits des personnes ayant un handicap ? Oui. Mais il faut comprendre que les gens sont désireux d'apprendre et de s'adapter. Cet apprentissage peut être formel ou bien se faire en situation, comme cette séquence sur la plage.

Pour gagner en perspective, il me fallait user d'une sorte d'appareil photo mental, au sens où je devais choisir quel objectif utiliser et réfléchir à la manière de cadrer chaque scène. Pendant que je refaisais la mise au point, que je changeais la focale de mon objectif pour mettre en avant des éléments différents, j'avais d'abord besoin de faire une pause jusqu'à ce que le cadrage soit plus clair. Alors seulement, je pouvais appuyer sur le déclencheur pour prendre la photo.

En devenant une meilleure photographe/observatrice, je pouvais choisir comment faire le point sur ma vie, sur la vie en général. Je pouvais choisir la vitesse d'obturation, l'exposition, le sujet, ce qui restait flou et ce qui devait être net.

Mon accident m'a appris à ralentir. Nous savons tous à quoi ressemble une photo lorsque nous la prenons trop vite, dans le mouvement. Au début, je n'écoutais pas. Mes troubles mentaux m'ont amenée à établir des priorités et à m'imposer des limites.

J'ai expérimenté une sensation de ralentissement lorsque j'ai frôlé la mort lors de mon accident. C'était comme un train à grande vitesse à qui on aurait ordonné de s'arrêter, et qui aurait repris sa marche au ralenti. Ce ralentissement m'a permis de prendre conscience de mes conflits intérieurs, et m'a également donné le temps de me concentrer sur ce qui avait besoin d'être réparé. Moi, qui étais Speedy Gonzales en rééducation, j'ai pu voir le grand avantage que j'avais à ralentir. C'est ce que le handicap m'a donné.

Quand on court tout le temps, le paysage devient flou. On avance tellement vite qu'on ne peut pas apprécier tout ce qui défile. Au lieu d'essayer de garder le même rythme que les autres (ce que je ne pouvais plus faire et qui étais-je, d'ailleurs, pour juger de la rapidité ou de la lenteur de quelqu'un ?), il me fallait apprécier la clarté que m'a apportée la paraplégie. Les scènes sont devenues plus nettes, du gros plan sur les fleurs en plein centre de l'image jusqu'aux arbres qui bordaient la rue tout au fond ; j'ai une vue panoramique depuis le sommet d'une montagne et je vois la jolie vallée à mes pieds.

Ainsi, des opportunités que je n'aurais pas perçues auparavant me sont apparues. Ces opportunités m'ont permis de construire ma résilience. De m'épanouir. D'apprendre.

Oui, j'aurais voulu pouvoir marcher. Oui, j'aurais voulu que ma vie soit autre. Mais ces pensées m'empêchaient de faire ce que je souhaitais le plus au monde. Il valait mieux, c'était plus sain et plus productif, changer mes réglages.

ALLER DE L'AVANT AVEC UNE NOUVELLE OPTIQUE

En changeant notre regard sur les autres, nous contribuons à changer leur point de vue sur qui nous sommes.

Une optique différente, que ce soit celle d'un appareil photo ou celle de notre cœur, nous permet de capturer toute la beauté qui nous entoure. Elle met en valeur le bon côté des choses. Dans ces moments où tout était comme ralenti, alors que je réfléchissais à ce que l'instant présent m'apportait, j'ai vu – je le vois encore ainsi – que ce que je vivais était un don qui m'était fait. Je pouvais témoigner de la plus belle forme d'humanité qui soit, et je percevais à quel point cette chose était précieuse. Ces moments m'ont montré que quand nous pouvons porter notre attention sur les petites choses, nous voyons le bon côté de la vie.

Je pouvais me complaire dans la souffrance parce que ma voiture avait dérapé sur du verglas ce matin de janvier-là, ou je pouvais me réjouir d'avoir survécu. Je pouvais être en colère parce que je ne pouvais plus bouger ni rien ressentir au-dessous de mes aisselles, ou je pouvais me sentir heureuse de voir mon enfant grandir.

Le bon côté des choses pour moi, ce sont tous ces moments que je n'aurais pas vécus si j'étais morte alors.

CHAPITRE 13

LA TÊTE HORS DE L'EAU

Peut-on se sentir reconnaissant pour une simple douche ?
Oui.

Après l'accident, alors que je souffrais beaucoup, j'ai
eu l'impression de revivre en sentant l'eau couler sur mes cheveux,
en prenant ma première douche depuis plus d'un mois. Un plaisir, un luxe qui était auparavant une simple routine quotidienne,
automatique.

Et cela m'a rappelé à quel point j'avais de la chance d'avoir
même simplement l'eau courante. Je retrouvais la sensation de
chaque goutte d'eau sur ma peau, l'énergie que procurent l'odeur
et la mousse du savon. Se laver les cheveux nous donne la force
d'affronter le monde. Se sentir propre, être propre est un sentiment merveilleux. C'était devenu une habitude et je n'y pensais
plus.

Ce jour-là, le 3 février 2012, j'ai été reconnaissante de pouvoir
prendre une douche. Pour ce qu'elle m'apportait matériellement –
l'eau, le savon, le propre – mais j'étais aussi pleine de gratitude
pour la personne qui me soignait, qui avait pris de son temps, qui
était restée plus que d'habitude pour que je puisse à nouveau me
sentir humaine. Et ma gratitude envers cette personne pour cette
douche allait plus loin, au delà de la douche, au delà de cette

personne, jusqu'à ceux qui fabriquaient le shampooing, aux transporteurs qui amenaient ce shampooing au magasin, aux mécaniciens qui entretiennent les camions, aux gens qui font les routes, à la caissière qui avait mis le shampooing en rayon, etc. Comme des tentacules de reconnaissance d'une portée infinie.

LES DIX JOURS qui ont suivi mon accident, tandis que je prenais peu à peu conscience de ce qui s'était produit et de ses conséquences, une fantastique équipe de médecins, d'infirmières et d'aides-soignants s'est occupée de mon corps et, ce faisant, de mon âme. Je leur en serai éternellement reconnaissante.

Être reconnaissant et exprimer aux autres notre gratitude pour leur gentillesse est à la fois essentiel et secondaire. Je peux être reconnaissante parce que les gens sont gentils avec moi et que, comme je ne pense pas que je mérite toute l'attention et tout le soutien qu'ils m'offrent, je ressens le besoin de les remercier. Ou je peux être reconnaissante de ce qu'on me donne ou de ce qu'on m'offre parce que je le mérite. Et s'il m'a toujours été facile de me sentir reconnaissante, il m'a fallu apprendre à relier ma gratitude à la certitude que je méritais cette aide.

Se sentir reconnaissant est aussi facile que difficile.

Voir la vie avec gratitude m'a permis de me focaliser sur le bon côté, sur les belles choses qui survenaient chaque jour. Ça m'a fait prendre conscience de ce qui est positif même quand tout autour de moi était un défi à relever. Cela m'a appris à prendre le temps et à me concentrer sur l'essentiel. Quand j'exprimais ma gratitude, je mettais en valeur la contribution des autres au monde, et je me sentais mieux.

La rééducation fonctionne grâce à des gens. Des gens merveilleux, de toutes sortes, des gens dévoués, au sourire encourageant, à la main ferme mais douce. Chacun étant comme une pièce d'un puzzle plus grand. Chaque jour, tous me montraient qu'ils savaient voir au delà de mes limites. Grâce à leur gentillesse, leur générosité, leur cœur, la rééducation nous a permis – à moi comme à d'autres – de retrouver, de reconstruire nos ailes. Ces gens, professionnels ou amis, améliorent notre qualité de vie à un moment où nous pensons que notre vie n'est que difficultés, et ils sont les catalyseurs du retour de notre gratitude. Il est difficile de ne pas avoir de reconnaissance envers ceux qui sont là pour nous aider.

Dès le début, j'ai eu de nombreuses raisons d'être reconnaissante ; du personnel hospitalier qui m'a soignée pendant la phase critique à celui de la deuxième phase, qui m'a accompagnée pendant la rééducation et enfin à celles et ceux qui m'ont aidée, troisième phase, à me réinsérer dans la vie normale. Durant chacune de ces phases, j'ai écrit des lettres pour manifester ma gratitude à tous ceux qui ont fait plus qu'ils ne devaient, et dont le dévouement a été capital pour mon rétablissement.

La première lettre que j'ai écrite, j'en ai déjà parlé, je l'ai rédigée dix jours après mon accident au médecin qui avait un enfant du même âge que Thomas.

Je ne saurais décrire ou expliquer ma gratitude envers ces personnes qui se sont occupées de moi en soins intensifs. Cela va au delà de tout ce que j'ai connu dans ma vie.

Ainsi, me rappelant les soins extraordinaires qu'on m'avait prodigués pendant la phase critique, j'ai aussi écrit une lettre à l'équipe qui avait pris soin de mon corps et de mon âme à un moment où je n'avais qu'une envie, me replier sur moi et mourir. J'ai remercié ces gens pour leur compassion, pour le respect et la dignité avec lesquels ils me traitaient. Ces personnes ont été les premières à me montrer que j'avais de la valeur.

Dans la phase deux, celle de rééducation intensive, j'ai écrit une autre lettre à l'équipe qui s'occupait de moi. Et je n'arrêtais pas de répéter l'histoire de la première réunion pour mettre au point mon *plan d'intervention*.

Avant mon accident, j'avais appris à de nombreux travailleurs de la santé et des services sociaux à dresser des plans d'intervention. Je savais comment on les établissait, et je savais comment il fallait procéder. Mais avec mon accident, j'ai pu voir comment ça se passait du point de vue du patient. À un bout de la table, j'ai présidé la réunion tenue pour établir mon propre plan d'intervention. J'ai vu comment un groupe de sept professionnels se retrouvait pour dresser un programme fait pour atteindre mon objectif principal : être la mère de Thomas.

À chaque étape, il a fallu clarifier, préciser ce but. Et finalement, il a été réduit à sa plus simple expression : *garder le lien avec mon fils.* J'ai appris de nouvelles manières de garder un lien, une interaction, et d'éduquer un bébé de dix-huit mois, puis de vingt mois, qui devenait un petit garçon de deux ans, de trois, de quatre, de cinq... L'objectif, permanent, a été adapté, redéfini en fonction de la réalité que mon fils constituait à chaque instant.

De tous les plans d'intervention que j'ai connus et auxquels j'ai participé, celui-ci a été, et de loin, le plus brillant.

Après la phase deux, ma rééducation a été brièvement mise en pause. Pour me permettre de rentrer chez moi. Et si le retour à la maison m'a fait beaucoup de bien, tout était dans un tel désordre qu'il m'était difficile de me montrer reconnaissante. Les chambres étant à l'étage, je dormais dans le salon ou dans la salle à manger, avec une partie de mes affaires (vêtements, courrier, papiers pour l'assurance) entassées n'importe où. Il y en avait partout. J'étais malgré tout reconnaissante de pouvoir rester près de Thomas et d'avoir ma mère à portée – elle dormait chez nous. Je pouvais donner à manger à Thomas, lui faire ses repas, le préparer pour la garderie. Accomplir ces tâches de mère qui me rendaient heureuse d'avoir survécu à l'accident.

La troisième phase de ma rééducation m'a demandé un apprentissage. Une sorte de rééducation externe où j'ai dû apprendre à composer avec mon environnement. C'est là qu'on m'a beaucoup aidée à surmonter ma peur de reprendre le volant, qu'on m'a aidée à voir comment je pouvais adapter ma parentalité, qu'on m'a soutenue dans mon projet de retourner travailler (même s'ils doutaient que j'y parvienne).

J'ai été très heureuse de pouvoir emménager dans ma nouvelle maison *adaptée*, en mars 2013. Pour la première fois depuis plus de quatorze mois, j'ai pu border mon fils dans son nouveau lit (adieu le lit de bébé), dans notre nouveau foyer. J'ai remercié tous ceux qui avaient rendu la chose possible, rempli mon journal de bord de pages de gratitude.

L'équipe de la phase trois et moi avons redéfini, inventé parfois, des solutions nouvelles. Comme quand j'ai exprimé la volonté de pouvoir nager sans risque au côté de Thomas. Pour cela, ma kinésiologue a cherché des outils qui pouvaient m'aider à flotter. En 2016, elle a trouvé une ceinture qui m'a permis de nager dans le splendide océan Pacifique, à Hawaii. Et je lui en ai été reconnaissante à plus d'un titre, puisque cette ceinture m'a permis de sauver mon fils.

Thomas prenait de plus en plus d'assurance dans l'eau. Lui et moi papotions tout en nageant dans l'océan. Tout en discutant avec lui, j'ai tourné la tête pour voir où était ma mère par rapport à nous. Et quand je me suis retournée vers lui, j'ai compris qu'il n'avait plus pied. Il a commencé à paniquer. J'ai appelé ma mère mais elle s'était laissée flotter assez loin de nous pour ne pas m'entendre immédiatement. Je savais que je devais faire quelque chose, et j'ai tendu le bras pour l'agripper. Et puis j'ai compris que son poids ajouté au mien menaçait de me déséquilibrer et de me faire couler. J'étais prête à boire la tasse s'il le fallait pour garder la tête de Thomas hors de l'eau. Heureusement, ma kinésiologue avait tenu compte de nos deux poids quand elle avait conçu la ceinture : je suis remontée à la surface avant de repartir sous l'eau puis de remonter à nouveau, stable cette fois. Ma mère a vu que nous avions besoin d'aide, nous a rejoints et l'incident s'est terminé aussi vite qu'il avait commencé.

Je débordais de reconnaissance.

ALLER DE L'AVANT AVEC GRATITUDE

Cette gratitude n'a pu grandir qu'à partir du moment où j'ai reconnu la chance que j'avais d'être là, où j'ai pris chaque instant comme un cadeau nouveau. Dans mon cas, c'est arrivé en réfléchissant à tout ce que j'aurais manqué si je n'avais pas survécu, à toutes ces choses que ma cousine Sylvia aurait voulu pouvoir vivre.

Mon fauteuil roulant me donne la possibilité de me déplacer et de vivre ma vie. Sans lui, je serais coincée dans ma chambre, sur un lit.

Exprimer ma gratitude me permet de voir ce qui est bien, de continuer à en prendre conscience et d'instaurer un fonctionnement dans lequel de bonnes pensées amènent d'autres bonnes pensées, et ainsi de suite. Un peu comme si, quand vous achetez une voiture rouge, tout à coup, vous avez l'impression que tout le monde a une voiture rouge. Tout ce sur quoi on se concentre se multiplie. Se développe. Ainsi, quand nous sommes reconnaissants d'une chose, puis d'une autre, nous commençons à cultiver tout un jardin de choses que nous apprécions et qui nous emplissent de gratitude.

Chaque instant de reconnaissance contient une graine d'énergie, de bonheur, d'espoir. Quand j'exprime de la gratitude, je mets en valeur la possibilité d'être consciente du côté positif de toute chose. Exprimer ma gratitude modifie la biochimie, la structure de mon cerveau et m'aide à me concentrer sur le positif. Il se crée une spirale ascendante, et je suis mieux à même d'affronter les événements stressants.

La gratitude m'a donné du répit dans un monde qui s'était bien assombri. Ç'a aussi été le moyen de payer de retour les gens qui m'ont soutenue quand j'en avais besoin.

CHAPITRE 14

HÉROS ET HÉROÏNES

Je suis revenue à l'instant qui a précédé le choc, quand j'ai entendu mon fils gazouiller à mon oreille. *Faites que je survive.*

En tant que parents, nous avons souvent besoin qu'on nous rappelle que nous sommes forts. En tant que mères en fauteuil roulant, surtout quand nous venons tout juste de nous retrouver dans ce fauteuil, nous avons vraiment besoin d'entendre et de croire que nous sommes fortes.

Parce que nous le sommes. Fortes.

Nous créons de la vie à chaque instant. Nous créons de la vie en ce moment-même. Nous devrions être fières de nous, parce que ce que nous faisons est réellement incroyable. Quand nous arrivons à admettre – ne serait-ce qu'un peu – que nous sommes incroyables, le doute commence à reculer ; et avec le doute, la honte, toute cette autocritique glaçante et agressive qui nous freine.

Notre perception de la situation des autres est faussée. Nous voyons souvent leurs réussites sans voir le chemin qu'ils ont dû suivre pour y parvenir. À cause de cela, nous pensons que ça a été facile pour eux et nous nous demandons pourquoi ça n'est pas facile pour nous. Mais en réalité, si nous les interrogions sur le parcours qui les a menés jusque là, leurs histoires seraient tout aussi pleine d'erreurs, d'échecs et de difficultés.

Tout comme certains de nos héros, héroïnes ou mentors qui ont déplacé des montagnes pour arriver là où ils sont, pour être qui ils sont, celles d'entre nous qui ne se voient pas encore comme les héroïnes de leur propre vie peuvent être de courageuses actrices du changement.

J'AVAIS trente-quatre ans quand j'ai eu cet accident. Allongée là dans ma voiture, je me suis forcée à rester calme, à faire confiance aux secouristes qui faisaient tout ce qu'ils pouvaient pour me sauver.

Ce qui était un petit miracle. Moi, qui étais obsédée par l'idée de tout contrôler moi-même, j'y renonçais ? Et pourtant je l'ai fait. J'ai renoncé à contrôler une situation où d'autres étaient de toute façon bien mieux outillés que moi pour faire du bon boulot. Dans une situation aussi critique, la tête aussi droite que possible, vu les circonstances, j'ai laissé d'autres personnes m'aider, me montrer, m'apprendre. À trente-quatre ans, je réapprenais tout. Dès après le choc, j'ai été courageuse.

Pendant la rééducation, la peur a été constamment présente. Mais le courage, c'est d'aller de l'avant *malgré* la peur. Pour chaque première fois, chaque nouveau mouvement, chaque transfert d'une position à une autre, il m'a fallu énormément de courage.

Comme cette fois où mon ergothérapeute m'a demandé de ramasser une boîte de mouchoirs en papier qu'il avait posée au sol.

Je pleurais. Je ne pouvais pas m'arrêter de sangloter. J'avais envie de le frapper. De l'insulter. Cette sensation de me pencher sur des jambes que je ne sentais plus me rappelait vivement la fois où j'ai descendu en rappel une falaise de trente mètres dans les

Blue Mountains, à deux heures de route de Sydney, en Australie. C'était la même sensation de se plier et de se pencher au dessus du vide, la même terreur d'une chute potentielle dans le néant. J'étais terrifiée. La seule réponse possible à sa demande, et à mes larmes, c'était de ramasser cette boîte de mouchoirs. Je l'ai haï parce qu'il me demandait de le faire, mais je lui en suis aussi éternellement reconnaissante, parce que c'est un moment qui symbolise ma détermination, mon courage face à toutes les autres requêtes, petites ou grandes, qui allaient suivre, pendant la rééducation et après.

J'ÉTAIS REPARTIE de l'avant depuis un moment déjà, je m'adaptais aux changements physiques et émotionnels de la réécriture de ma vie – réécriture en cours, mais s'arrête-t-on jamais de le faire ? – quand ma sœur est venue chez nous pour Noël.

Le dernier film de Disney passait au cinéma et, jouant mon rôle de tante, j'ai décidé d'emmener ses enfants et mon fils au cinéma. Les trois plus âgés connaissaient déjà les règles, je les leur avais expliquées déjà plusieurs fois. Mais c'était la première fois que ma nièce, Alexandra, venait avec moi. "Alex, si tu viens avec nous, il y a des règles très claires qu'il faut suivre pour que personne ne coure de risques", lui ai-je expliqué.

Les enfants savaient qu'ils devaient attendre dans la voiture jusqu'à ce que je m'installe dans mon fauteuil roulant. Ensuite, une fois que j'étais dans mon fauteuil, ils devaient descendre de voiture sans la lâcher, puis me tenir la main, ou mon écharpe, ou mon sac, ou tout autre objet relié à moi. Ils savaient aussi que si à n'importe quel moment je jugeais qu'il y avait un risque, nous rentrions à la maison. Pas de cinéma. La sécurité avant tout. Toujours.

Quand nous sommes arrivés, tout s'est déroulé comme prévu. Les enfants m'ont bien écoutée et ont suivi les consignes.

Et puis le jonglage a commencé quand j'ai réalisé qu'il me fallait quatre places à côté de l'endroit réservé aux gens avec un handicap qui sont en fauteuil. Il me fallait aussi un rehausseur pour Alex. Et il me fallait aller chercher boissons et pop-corn pour tout le monde. Je n'avais pas pensé à tout. Ah, et il fallait aussi porter des lunettes car c'était un film en 3D.

J'ai commandé les boissons et le pop-corn pour quatre et envoyé les deux plus âgés, neuf et dix ans, emporter le pop-corn et garder les sièges. La troisième, âgée de huit ans, m'a aidée à demander et à porter le rehausseur.

J'étais fière de moi. Après avoir envoyé chacun à sa tâche, Alex a déclaré : « Tata, je dois aller faire pipi. » À cet instant, tout en ayant l'impression de jongler avec huit balles à la fois, il m'a fallu décider : envoyer la troisième rejoindre les deux autres qui gardaient les places ou l'emmener avec Alex et moi aux toilettes ? L'espace d'un instant, j'ai cru que j'allais dépasser le nombre de balles avec lesquelles je savais jongler.

Mais nous avons trouvé une solution. Et nous nous sommes bien amusés.

Plus tard, j'en ai parlé à ma sœur en pensant qu'elle serait fière de moi mais elle m'a répondu : « Tu sais, ça arrive à toutes les mamans qui amènent plusieurs enfants au cinéma. »

Le fait que je sois en fauteuil était un détail sans importance.

C'était une accumulation de petits actes de courage. J'avais conduit pour aller au cinéma alors qu'à une période j'avais juré de ne plus jamais remonter en voiture, encore moins de conduire. Et pourtant… Il y a eu une période où je ne pouvais pas imaginer aller quelque part avec mon fils mais, petit à petit, j'avais trouvé assez de ressources pour emmener quatre enfants au cinéma. Au cinéma, une chose après l'autre, sans jamais oublier la sécurité, nous avons adapté notre projet, sans y renoncer. Et puis j'ai découvert que les défis auxquels je faisais face, et leurs solutions, sont les défis qu'affrontent toutes les mamans.

Être parent est un acte de courage immense et demande beaucoup de bravoure.

Aller de l'avant avec courage

J'étais peut-être courageuse d'avoir survécu. J'étais peut-être courageuse d'avoir réussi à m'adapter à ma nouvelle vie. C'est peut-être le courage qui m'avait aidée à affronter tous ces défis avec une dignité (presque) intacte. Il fallait peut-être que je reconnaisse tous mes efforts et que je me congratule pour avoir bien fait ce travail.

Malgré cela, je n'étais pas à l'aise avec ces mots qui me dépeignaient comme une héroïne brave, courageuse, forte, une *superwoman*. Ce que les autres décrivent parfois comme du courage était pour moi de l'amour : j'aime apprendre (à repartir faire du camping, à voyager, à vivre à l'étranger, à me documenter sur les lésions de la moelle épinière), et j'aime les autres. En partie à cause d'une humilité toute canadienne et en partie parce que je ne me considérais pas comme courageuse, au début. Je ne croyais pas en moi.

> *Plus grande est la peur, plus grand est le courage*
> *Bravo à nous toutes, les mamans en fauteuil*
> *Bravo à vous*
> *Dites-le !*
> *Bravo à moi, bon sang.*
> *Bravo à toi, être humain courageux, vaillant et combatif !*

Le courage est une force que nous possédons tous. Dans mon cas, il a été de savoir quand demander de l'aide, de me faire l'avocate des parents en situation de handicap, quel qu'il soit, en tant que groupe, de dénoncer la discrimination systémique et de travailler pour rappeler au gouvernement qu'il avait ratifié la convention internationale des Droits des personnes handicapées.

Et le courage m'est venu quand j'ai décidé de parler de mes difficultés et de la manière dont je les avais surmontées. D'en parler, avec vulnérabilité et authenticité, dans des concours d'éloquence et ici-même dans ces pages.

Admettre que je peux être courageuse me donne de la force, parce que ça signifie que je ne laisse pas les choses m'arriver. Je peux être une actrice du changement et prendre des risques, me développer. Plus je me sers de mon courage, plus j'apprends à tenir le coup, à faire face efficacement à un nouveau défi.

Plus j'ai confiance en moi, plus je suis prête à essayer quelque chose de nouveau, comme essayer d'emmener quatre enfants au cinéma. Plus je suis capable de me lancer de nouveaux défis, malgré la peur et l'angoisse, plus je peux tendre la main et montrer de la résilience.

Toutes les mères en fauteuil sont courageuses parce qu'elles vivent avec un handicap, avec des douleurs chroniques, qu'elles affrontent les défis de la vie quotidienne et qu'elles le font dans un monde plein de préjugés envers les personnes en situation de handicap.

Et nous toutes, mères en fauteuil, nous avons le courage d'accepter ce qui est.

Pour nous, les mères en fauteuil, redéfinir ce qui nous est arrivé, remettre en perspective l'impact que certains événements ont eu sur nos vies, avancer petit à petit vers des objectifs atteignables, tout cela constitue des actes de bravoure.

Il y aura des moments de doute, de peur de l'échec. Le courage n'empêche pas les larmes. C'est plutôt l'inverse, en réalité. Il ne faut pas l'oublier. Ces moments nous sont nécessaires pour progresser. Nous ne pouvons pas nous empêcher de tomber, de perdre l'équilibre. Mais nous pouvons nous relever. Ramper s'il le faut.

C'est le plus grand des courages : apprendre à être courageux avec ce que nous sommes, malgré nos vulnérabilités et en les acceptant. Quoi que nous montrions aux autres, il y a toujours, à un moment, des larmes. Et si nous pleurons d'orgueil et de courage au lieu de pleurer de de honte, notre bravoure est d'autant plus belle. Ces larmes, les nôtres, si nous les versons ainsi, sont le signe que nous osons, que nous repoussons la peur et que nous allons de l'avant avec force et détermination, pour nous-mêmes, pour créer un héritage à laisser à nos enfants. Et ainsi nous sommes courageuses. Et nous le serons encore. Et toujours.

CHAPITRE 15

UNE FAUSSE PRÉMISSE

Beaucoup de gens farouchement indépendants ne perçoivent pas la beauté qu'il y a dans l'échange, ils partent d'une fausse prémisse selon laquelle recevoir de l'aide est une forme d'exposition de leur faiblesse qui les amoindrit.

Quand nous comprenons que demander de l'aide est une force et non une faiblesse, la vie est plus fluide. Mais il est difficile de convaincre des personnes très autonomes que donner et recevoir de l'aide est un magnifique échange qui nourrit notre développement et crée un équilibre sain.

Une tasse de lait, ici. Un œuf, là. Aller chercher les enfants à l'école un après-midi. "Vous pourriez arrosez mes plantes pendant que je ne suis pas là ?" Nous savons que ces demandes font partie de la vie entre voisins. Elles sont des catalyseurs de lien.

Une histoire a circulé sur les réseaux sociaux – je n'en connais pas l'origine – à propos d'une famille qui avait beaucoup (de biens matériels) tandis que leurs voisins avaient peu (de biens matériels). Un jour, la mère de la famille-qui-a-beaucoup a demandé à sa fillette d'aller chez les voisins leur demander un peu de sel. Interloquée, celle-ci a fait remarquer que leur salière était pleine. Sa mère lui a alors expliqué que demander de temps en temps quelque chose à quelqu'un, quand on sait que c'est une chose dont il dispose et qu'on ne l'en privera pas, est un bon moyen d'encourager cette personne à demander à son tour une autre chose, ou de l'aide.

J'ajouterai pour ma part que c'est aussi un moyen de signaler à une personne qui pense ne rien avoir que quelqu'un d'autre la considère comme une personne ayant suffisamment de ressources pour qu'on lui en demande. C'est un petit acte de gentillesse.

EN RÉALITÉ, les gens forts savent demander de l'aide.

Quand quelque chose bouleverse nos vies, il est difficile d'en gérer seul les conséquences. Et il est tout aussi difficile de savoir comment demander de l'aide. Nous oublions que les gens ont sincèrement envie d'aider. Mais que, tout comme nous ne savons pas demander, ils ne savent pas comment proposer leur aide. Ils ne savent pas ce dont nous avons besoin.

C'est pourquoi il est possible, souhaitable même, de spécifier exactement ce dont nous avons besoin. On peut être direct et l'expliquer sans être tyrannique ou trop exigeant. Si votre amie avait un gros problème et qu'il vous revenait de préparer à manger pour sa famille, ne voudriez-vous pas avoir une liste détaillant les goûts, les dégoûts et les allergies de chacun ?

Après mon accident, comme vous le savez, je me suis vue d'une manière totalement différente. Je me sentais comme indigente et je n'arrivais pas à accepter le fait qu'il était bien normal que je demande de l'aide. Toute ma vie, j'avais farouchement recherché l'indépendance. Et si je sentais que j'avais toujours besoin d'être valorisée, comprise, vue, reconnue, aimée et soignée, je sentais que j'exposais, et que j'imposais, mes limites à ceux que j'aimais. Je savais comment aider, mais je ne savais pas comment recevoir de l'aide avec dignité, avec grâce.

J'avais l'impression d'être un fardeau et je détestais avoir besoin des autres à ce point. D'une certaine manière, c'est aussi ce qui m'a aidée à travailler aussi dur pendant ma rééducation physique et mon ergothérapie, l'autre moteur étant que voulais retrouver ma capacité à être une mère pour Thomas. Et enfin, quand j'ai réécrit ma vie, cela m'a aussi permis de recommencer à aider les autres grâce à mon travail.

Mais j'ai eu du mal à me défaire de l'idée restrictive qu'aider était une force et que recevoir de l'aide était une faiblesse. En tout cas en ce qui me concernait.

Un de mes plus grands défis a été de vaincre ma résistance à l'idée d'être vulnérable. Je pensais que si je laissais voir mes vulnérabilités, toute la digue allait céder et tous mes sentiments allaient noyer ma rue, inonder mon quartier, toute ma ville. Les murailles se lézarderaient sans que je puisse les en empêcher.

Mais la réalité m'a rattrapée : j'avais besoin d'aide. Et si je n'apprenais pas à l'accepter, à l'accepter très vite, c'est mon fils qui allait en pâtir. J'avais besoin de gens pour nous accompagner dans ce voyage. J'avais besoin d'eux à mes côtés. Qui savait alors – pas moi, en tout cas – qu'en leur demandant de l'aide, je leur disais qu'ils comptaient pour moi ? Que je leur faisais confiance ? Que je leur disais que je les aimais ?

Au début, ça a été difficile. J'ai du m'entraîner, car le concept était nouveau pour moi.

Avec le temps, j'ai commencé à comprendre que demander de l'aide est aussi pour chacun l'occasion d'apprendre comment demander de l'aide ou en offrir sans déresponsabiliser l'autre. Comme cette maman qui avait fait demander à sa voisine un peu de sel. En demandant de l'aide, je créais des liens et je construisais des relations.

JE SUIS TOUJOURS ABASOURDIE par le nombre de gens qui ont voulu venir me voir quand j'étais à l'hôpital. Et si j'étais heureuse de savoir qu'ils voulaient me manifester leurs vœux de guérison, je me suis sentie débordée. Je croyais que je devais faire bonne figure, avoir l'air d'aller bien. Montrer de l'optimisme. Être forte. Je ne voulais pas leur paraître vulnérable car mon degré d'intimité avec eux était variable. La plupart étaient des amis personnels mais il y avait aussi des collègues de travail. Des gens du service que je dirigeais et même si j'étais parfois sortie prendre un verre avec eux après le travail, ils restaient mes subordonnés et c'était dur pour moi de paraître amoindrie par rapport à avant. Je n'étais toujours pas prête à accepter que je ne serais plus jamais cette personne.

Voir défiler tous ces gentils visiteurs en étant vêtue d'une simple blouse bleue d'hôpital nouée dans le dos par trois petits lacets était gênant. Et je me suis aussi sentie tenue d'en réconforter quelques-uns, de les persuader que j'allais retrouver une vie normale. Il y a même eu des fois où je me suis sentie obligée de les rassurer en leur disant que leur vie à eux resterait la même, alors même que je ne savais pas encore dans quelle mesure l'accident allait changer ma vie, et donc aussi leur place à eux dans ma vie.

Ces visites ont eu des conséquences. Elles m'ont obligée à réfléchir à la personne que je ne serais jamais plus. J'ai été déçue, pour elles et pour moi.

J'ai donc demandé à ne plus recevoir que certaines personnes, et seulement à certaines heures. Si Thomas était avec moi, il passait en priorité. Ce qui voulait dire que je ne voulais pas d'autres visiteurs quand il était là. Notre temps ensemble était sacré. Pour lui comme pour moi, toute interruption était néfaste.

Je filtrais ou j'ignorais certains coups de fil. Parfois, j'étais physiquement incapable de décrocher le téléphone posé à côté de mon lit d'hôpital parce que bouger, me tourner pour tendre la main de quelques dizaines de centimètres avait désormais une toute autre signification. Quand je décrochais, ou que ma mère décrochait à ma place, je détestais ces conversations pleines de questions, sachant qu'elles étaient toutes identiques : "Comment vas-tu ? Qu'a dit le médecin ?" J'avais surtout envie qu'ils me parlent d'eux, de leur vie normale, mais personne ne veut parler de choses apparemment banales après un tel drame.

Et pourtant j'avais envie d'entendre des banalités. J'avais besoin qu'on me dise des banalités.

Je n'avais pas envie de revenir sur ce qui s'était passé, sur le pronostic, de ressasser comment les choses étaient dures pour moi ou pour mes parents, comment Thomas allait vivre tout ça. Et pourtant je comprenais le besoin de chacun d'avoir un vrai lien avec moi. Je ne savais simplement pas comment additionner tout ça pour rationnaliser la conversation et conserver mon énergie.

Jusqu'à ce que mon amie-patronne-mentor arrive pleine d'enthousiasme, un jour, avec un paquet. Le personnel s'était cotisé pour m'acheter un iPad avec une carte SIM pour que je puisse rester connectée à tous ces gens. Un seul post pour donner de mes nouvelles sur Facebook et tous pouvaient être au courant. On pouvait me répondre, poster des émoticônes amusants, des cœurs, faire des commentaires déplacés, même, si on le voulait, et je pouvais lire leurs réactions sans me sentir obligée de répondre si je n'en avais pas envie. Facebook est devenu mon moyen de rester connectée, de sentir que je faisais encore partie de ce monde sans avoir à faire semblant, sans devoir paraître. C'était exactement ce qu'il me fallait.

En ligne, je pouvais demander ce dont j'avais besoin, et quand j'en avais besoin. Quelques mois plus tard, quand je suis rentrée chez moi et que j'ai vu dans quel triste état était mon jardin, j'ai posté une demande pour qu'on vienne m'aider à le nettoyer et à le rendre praticable pour mon petit garçon. Près de cinquante personnes sont venues, ce jour-là.

L'iPad m'a aussi permis de garder le lien avec la personne que j'aime le plus au monde : mon fils. Avec Facetime ou Skype, nous pouvions prendre le petit déjeuner, faire le rituel du coucher ensemble alors que j'étais à l'hôpital ou en rééducation et que Thomas était à la maison avec ma mère. Je l'ai vu faire son premier bonhomme de neige et j'étais "avec" lui le jour où il est allé à sa nouvelle garderie. Je pouvais être avec Thomas, et il pouvait voir que j'étais encore avec lui.

CERTAINES de mes amies passaient régulièrement à l'hôpital et m'apportaient des repas qu'elles avaient préparés chez elles. D'autre allaient directement chez moi en déposer pour mes parents, sachant qu'ils devaient s'occuper de Thomas bien plus qu'avant. Ma patronne s'est arrangée pour que sa nounou s'occupe aussi de mon fils, alors même que le sien venait de commencer l'école. Savoir que toutes ces personnes étaient là pour me soutenir m'a énormément aidée. Et j'étais beaucoup moins inquiète pour mes parents en sachant que d'autres venaient aussi parfois les aider.

Ma tante passait chaque matin dans ma chambre pour m'aider à accomplir les routines d'après réveil. Ma mère amenait Thomas tous les jours et revenait chaque soir après le dîner pour m'aider à me brosser les dents et vérifier que j'étais assez fatiguée pour m'endormir après son départ – pour que je n'aie pas peur de rester seule. Je ne cessais de lui répéter qu'il n'était pas nécessaire qu'elle repasse me voir chaque soir même si, en réalité, j'en avais bien besoin. Et elle le savait. Je ne savais pas ce dont j'avais besoin, mais ma mère, ma tante, mes amies, mes collègues le savaient. Et elles avaient raison.

SAVOIR DEMANDER de l'aide n'est qu'un début. Nous devons apprendre à accepter qu'on nous la propose, et à répondre avec grâce à cette offre. Il nous faut intégrer le fait que nous méritons cette aide. Apprendre à demander et à accepter a été un voyage qui m'a menée très loin, comme des ondes qui se propagent sur un étang.

Mon premier voyage international post-accident, seize mois après celui-ci, m'a menée de Montréal à Turku via Paris et Helsinki. J'étais très fière de pouvoir voyager seule, de faire moi-même mes transferts d'un siège à l'autre. De mon fauteuil roulant au fauteuil de la compagnie aérienne, du fauteuil de la compagnie à ma place dans l'avion, puis au fauteuil de la compagnie à l'arrivée, puis à celui de l'aéroport... Tous ces transferts. À chaque fois qu'on m'a demandé de passer d'un siège à l'autre, je l'ai fait, mais ma fierté a mis mes épaules à rude épreuve.

Alors quand l'employé suivant, à l'aéroport suivant, m'a informée que mon fauteuil roulant m'attendait quelque part ailleurs et qu'il devait reprendre celui dans lequel j'étais assise en attendant qu'un autre employé vienne me chercher et me mettre dans un autre fauteuil roulant, j'ai décidé que c'en était assez.

"Stop, ai-je dit. Vous voulez que je change encore de fauteuil ? Après avoir passé une nuit dans un avion, sachant que j'ai encore deux avions et une navette jusqu'à mon hôtel à prendre ? OK. Pas de problème." Avec un large sourire, j'ai levé les bras vers lui et ajouté : "Si vous voulez que je me transfère dans un autre fauteuil, vous me portez !"

Ce qu'il fit. Comme l'employé suivant. Et les autres, jusqu'à la fin de mon voyage. Mes réserves d'énergie et l'état de mes épaules comptaient – et comptent – plus que ma fierté.

Si j'ai besoin d'aide, je sais maintenant la demander. Mieux, je sais prévoir quand je vais la demander.

LES EMMERDES, ça arrive. Pourquoi nous, les mamans en fauteuil, en serions-nous exemptes ? Chacun de nous s'est déjà retrouvé, métaphoriquement, dans la merde. Mais peu d'entre nous s'y sont retrouvés littéralement.

Moi, oui. Comme cette fois où mon infirmière m'a donné un laxatif pour me déconstiper. Oui, j'ai souvent été (et ça m'arrive encore) merdeuse (haha). Ce que l'infirmière ne pouvait pas savoir, c'est que le lactulose aurait un effet très puissant chez moi. Il a si bien fonctionné qu'il s'en est suivi, disons, une explosion et un débordement.

J'étais au bord des larmes tellement j'avais honte. Et pourtant l'infirmière n'arrêtait pas de rire. Elle ne pouvait pas s'en empê-cher. Entre deux fous rires, elle m'a expliqué qu'elle avait eu tort de me donner ce lactulose mais que ce qui la faisait rire, c'était qu'elle allait devoir nettoyer ses propres saletés.

APRÈS PLUS DE vingt mois sans les voir (merci le COVID-19), ma mère, Thomas et moi avons enfin pu passer un peu de temps avec ma sœur et sa famille. Nous avions décidé que je louerais une chambre adaptée dans un hôtel que je connais bien pour que ma mère puisse se détendre et passer du temps avec son autre fille, ce dont elles avaient bien besoin. J'ai décidé de prendre les trois enfants les plus âgés, dont mon fils, avec moi dans ma chambre. J'avais un lit, deux des enfants s'en partageaient un second et le troisième dormait dans un petit lit à côté d'eux. J'avais déjà voyagé avec eux, je savais qu'ils étaient capables de s'occuper seuls, qu'ils suivaient bien les consignes et qu'ils se débrouillaient sans aide pour leurs petites routines quotidiennes.

Je venais de me mettre en pyjama et de m'installer dans mon lit, j'allais annoncer aux enfants qu'ils pouvaient revenir dans la chambre quand je me suis aperçue que j'étais au bord d'une catas-trophe fécale.

La loi de Murphy, hein ? Pratiquant déjà la pleine conscience depuis deux ans à ce moment-là, j'ai vu arriver la honte dans ma tête. Je me suis vue en petite fille qui a désespérément besoin de l'aide de sa maman. Mais j'ai vu aussi la femme adulte que je suis, et qui sait qu'elle peut s'en sortir. J'ai fait entrer les enfants dans la chambre, je leur ai expliqué que j'avais un problème et que je devais m'en occuper. Je leur ai dit ce que j'attendais d'eux, que je comptais sur eux parce que je n'allais pas être en mesure de vérifier qu'ils faisaient bien ce que je leur demandais, que je ne pourrais que leur envoyer des sms.

J'ai réussi à aller dans la salle de bains, à résoudre la situation, à prendre une douche et à retourner me coucher après que les enfants se soient endormis. Pour la première fois depuis mon acci-dent, j'ai eu l'impression d'avoir "réussi". Malgré un nouvel incident malheureux, je n'avais ressenti ni honte, ni culpabilité, ni frustration. J'avais fait ce que je devais faire et j'étais passée à autre chose.

Quand les emmerdes arrivent et que notre objectif est d'y survivre, cela nous facilite les choses – à nous ou à ceux qui doivent faire les choses à notre place – si certaines ressources sont déjà en place. Savoir que quelque chose peut se produire nous aide à être prêt si, et au moment où, cette chose survient. On ne peut pas être prêt pour tout ce qui est susceptible d'arriver, mais on peut mettre en place des choses simples.

CHAPITRE 16

CRAN ET GROGNEMENTS

Quand j'étais adolescente, je passais pas mal de temps dans la chambre de Sylvia. Comme l'appartement de mon oncle et de ma tante était à mi-chemin entre mon école et chez moi, il m'était facile d'y aller quand j'en avais envie. Dans sa chambre, il y avait un poster avec un magnifique cygne, majestueux, et une maxime au-dessous qui disait : "Le meilleur moyen de réussir, c'est d'essayer."

Je m'arrêtais à chaque fois devant ce poster, fascinée par son message. C'est parce que je croyais à cette citation que je suis restée à attendre en réserve toute une journée, au cas où il y ait une place en plus au camp des Cadets (ce fut le cas et je suis partie camper deux fois, cet été-là). Et c'est pour ça aussi que je me suis inscrite en doctorat, alors que mes notes étaient insuffisantes. Je suis passée par la porte de derrière, j'ai prouvé que j'avais du cran, qualité que les enseignants admiraient, et que c'était leur intérêt d'accepter une étudiante qui montrait une véritable volonté d'obtenir son diplôme.

Je travaillais dur, et je ne renonçais pas à mes rêves. Je saisissais les opportunités qui se présentaient et je me faisais remarquer par mon éthique de travail. J'avais été embauchée comme assistante de recherche. J'avais un contrat de soixante heures, sur deux semaines, pour saisir des piles de questionnaires. J'ai réussi à tout finir en trente-cinq heures. Quand j'ai annoncé au professeur que j'avais fini, il a été impressionné, non seulement par ma capacité à travailler dur, mais aussi par mon honnêteté – je risquais de n'être payée que pour trente-cinq heures de travail au lieu de soixante. Il m'a donc confié des tâches plus compliquées. Et ainsi, les contrats se sont enchaînés, jusqu'à ce qu'il me suggère de postuler à un travail de recherche, sous sa direction.

La persévérance et la détermination m'ont aussi servie pendant mon doctorat, pour pouvoir faire mes interviews tout en continuant à jongler entre contrats de travail et cours à suivre. L'année la plus dure, j'ai travaillé près de quatre-vingt-dix heures par semaine. Quatorze heures par jour du lundi au jeudi, huit heures le vendredi, et douze heures les samedis et dimanches. Je ne lâchais rien.

Bien sûr c'était peut-être ridicule, bien au delà de la simple détermination, et c'était la porte grande ouverte au burnout. Il faut de la persévérance pour réussir, mais il faut un équilibre pour arriver à des résultats positifs et sains.

C'EST le 2 février 2012 que j'ai un peu repris le contrôle de ma vie. Après avoir passé quatre semaines vêtue d'une blouse d'hôpital, j'ai enfin pu recommencer à porter des vêtements. De vrais vêtements ! Le seul fait de demander à être habillée a été une première étape. Ça a été merveilleux de sortir de mon lit, c'était comme si je me préparais à aller travailler, à être présentable. Je me sentais prête à rejoindre le monde extérieur, les gens.

Je me pensais prête à remonter en selle depuis plusieurs jours. À l'hôpital, je récupérais bien et le ratio patients/personnel soignant était si élevé qu'on me laissait pratiquement seule. Cette promesse de pouvoir commencer à reprendre une activité physique m'exaltait. M'habiller pour partir en rééducation a été un grand moment.

Chaque nid-de-poule de la route entre l'hôpital et le centre de rééducation a déclenché des douleurs insupportables – signe peut-être de ce qui allait advenir. Une fois arrivée, le chauffeur du véhicule adapté m'a déclaré : "Ici, ils font des miracles, si vous travaillez assez dur." Je pensais pouvoir me mettre en quête de mon propre miracle. Après tout, travailler dur, je connaissais. Je n'avais pas encore compris que les miracles arrivent en leur temps, quand ils le jugent bon, et qu'ils ont leur propre définition. Ce jour-là, le miracle auquel je voulais parvenir, c'était de marcher à nouveau. Je n'avais pas encore pris conscience que mon miracle, c'était peut-être d'être en vie, en bonne santé et de pouvoir élever Thomas, ou même de rencontrer les thérapeutes fantastiques qui m'attendaient.

On m'a rapidement fait faire des choses normales – des choses qui paraissaient évidentes, avant. Des choses qui me faisaient me sentir, hé bien, normale. D'abord on m'a transférée dans un lit, dans une jolie chambre avec des fenêtres ensoleillées qui donnaient sur des arbres. Les professionnels de santé qui allaient m'aider à retrouver des forces ont commencer à venir se présenter. C'était agréable de savoir qui allait me soutenir, car tout ce concept de rééducation m'était, assez ironiquement, étranger. On m'a lavée, habillée de vêtements de sport et je suis allée faire ma première séance de kinésithérapie.

Ce tout début de rééducation m'a secouée et obligée à m'activer.

Depuis l'accident, tous mes transferts se faisaient à l'aide de telle ou telle machine qui permettait de me lever, ou bien nécessitaient deux personnes. On me soulevait et on me déposait, du lit au fauteuil roulant, ou du fauteuil au lit. J'étais dépendante d'un engin mécanique et de deux personnes qualifiées.

Mais mon physiothérapeute a donné le ton de notre relation, dès la première fois, en me demandant de me transférer seule du fauteuil à la table de physio qui n'avait pas de dossier. Terrifiant ! Je ne savais pas encore comment rester stable en position assise et je ne savais pas si les muscles de mes bras étaient suffisamment forts pour supporter le poids de mon corps tandis que mes muscles dorsaux me hissaient sur la table. *Remonte en selle !* Je ne savais pas du tout si j'en étais capable. Mon physiothérapeute, lui, le savait. Son assurance ne me laissait pas le choix : j'étais obligée de croire que j'allais atterrir sur sa table. J'y suis arrivée.

Quand il m'a demandé, quelques jours plus tard, de faire des tractions, j'étais prête à faire travailler les muscles de mes bras et de mes épaules. Objectif : trente tractions sans m'arrêter. Il m'a encouragée, a compté avec moi. Je souriais. Quand je me suis approchée des trente, il a annoncé qu'il voulait que j'en fasse dix de plus. Je l'ai engueulé, toujours en souriant, et puis j'ai dit : "Pas de problème !" J'ai continué à compter et quand je suis presque arrivée à quarante, il a dit que j'avais l'air encore fraîche et que je pouvais peut-être continuer jusqu'à cinquante. J'ai plaisanté, fait semblant de jurer, et j'ai visé les cinquante tractions. À quarante-huit, il m'a dit que puisque je souriais toujours, j'étais bonne pour aller jusqu'à soixante-dix.

J'ai commencé à grogner, à manquer de souffle pour parler, mais j'ai continué. Juste avant soixante-dix, il m'en a demandé dix de plus, pour que ça me porte chance. Et arrivée à quatre-vingt, il a vivement déclaré que j'étais trop près des cent pour m'arrêter là. À ce stade, je ne pouvais plus du tout parler et j'ai continué à compter mentalement jusqu'au nombre magique. Quand j'y suis arrivée, il m'en a demandé une de plus, juste comme ça. J'ai donc fini par faire cent-une tractions. Je m'étais concentrée sur la tâche en cours. J'étais restée dans ma bulle. J'avais été productive. Persévérante.

Tous les jours que j'ai passés en rééducation, j'ai persévéré. C'était un travail concret, tangible, qui me faisait du bien ! Parce que ça me demandait toute ma concentration, que j'avais beaucoup de volonté et que rien d'autre ne comptait à ce stade. Le chagrin, la sensation de perte, la douleur physique qui avaient suivi mon accident étaient invisibles. Dans ces moments-là, pendant les séances de physiothérapie, j'étais intouchable. Elles me donnaient de la force, je rechargeais mes batteries, je me sentais vivante. Et c'était une sensation... géniale ! Ça donnait aussi un sens au temps que je passais loin de Thomas.

J'avais confiance en mon physiothérapeute. Je lui ai dit que mon but était de remarcher un jour. Il a pris ça comme le signe de ma volonté de travailler dur. Et tout en me poussant à mes limites, il m'a aussi aidée à comprendre que la moelle épinière n'est pas comme la peau ou les os : elle ne repousse pas et ne se répare pas d'elle-même. Mais il m'encourageait à m'épanouir tout en sachant que les choses étaient différentes. Il me poussait à mes limites, mais sans les dépasser. Suffisamment pour que je devienne chaque fois un peu plus forte que la précédente, malgré la douleur. Et parce qu'il savait que je pouvais, je savais aussi que je le pouvais. J'allais m'exercer aussi dur que possible pour regagner le plus possible la maîtrise de mon corps. Et je savais que je devais faire ce qu'il me demandait pour pouvoir être la mère de Thomas.

Aller de l'avant avec persévérance et dans l'équilibre

Il faut de la persévérance pour réussir, il faut un équilibre pour arriver à des résultats positifs et sains.

La persévérance a toujours été une de mes caractéristiques. Mais pour accepter ma lésion médullaire, ce fut un peu différent et il a fallu que je m'effondre mentalement pour comprendre que certes, je devais continuer à avancer, mais qu'il fallait que je le fasse en respectant un rythme nouveau. Dans mon cas, je devais prendre en compte mes peurs et mes réactions post-traumatiques, qui faisaient elles aussi partie de mon processus de rééducation. Il fallait admettre que ce voyage d'acceptation allait être long, et qu'au lieu de me fixer sur un avenir trop lointain, je devais simplement me concentrer sur la tâche du moment.

Aujourd'hui, le message du poster de Sylvia m'inspire encore pour continuer à essayer, oui, mais à essayer d'une manière équilibrée et respectueuse de la réalité qui est la mienne.

CHAPITRE 17

VOUS ÊTES SÛRE, MA PETITE DAME ?

J'ai appris l'humour, un humour parfois assez noir, qui allège un peu les périodes difficiles pour moi et pour ceux qui m'entourent.

Sans humour, je sais que je n'aurais pas tenu, les premières années qui ont suivi l'accident. Ma mère non plus.

Ma mère a été la personne la plus proche de moi, ces premières années. C'est elle qui a tenu la maison, aidée par mon père, bien sûr. Elle a aussi été, d'une certaine manière, mon assistante personnelle. Quand j'avais des soucis, d'incontinence par exemple, elle était également concernée. Et quand vous devez aller aussi loin que ça dans l'intimité de votre fille adulte, traverser l'épreuve avec humour est la meilleure solution. Pleurer n'aurait fait qu'empirer les choses.

L'humour nous a réellement servies, ma mère et moi, parce qu'il nous a unies là où honte et culpabilité auraient pu nous diviser. Il a été un ingrédient nécessaire de notre résilience à toutes les deux, surtout au moment d'affronter des situations difficiles ou quand le découragement commençait à nous gagner. Il effaçait la peur, la honte, le dégoût, la gêne, l'accablement, toutes ces émotions négatives qui peuvent nous plomber. L'humour rehaussait l'amour que nous avions l'une pour l'autre, permettait de redéfinir nos actes de gentillesse et de voir qui nous étions – qui nous sommes – réellement, dans toute notre humanité. Il m'a vraiment aidée à avoir une perspective différente, plus positive et plus légère, sur ce que la vie m'avait réservé.

M'exercer à l'humour, accepter l'absurde m'ont donné des outils pour lutter contre le doute. Les périodes difficiles m'ont semblé moins graves, moins permanentes. L'humour nous rappelle que les moments pénibles passent. Il induit aussi une construction des souvenirs différente : nous rappelions plus les rires que l'horrible événement qui nous avait fait rire. C'est une arme très puissante.

Mettre de l'humour dans certaines situations d'après l'accident en ôtait tout le malaise. Le plus drôle étant la réaction des autres. Certains préféraient ignorer mes commentaires, d'autres se tortillaient inconfortablement en riant quand même, quelques-uns souriaient à demi, d'autres encore éclataient franchement de rire. L'humour désamorçait la gêne qui se créait les premières fois que les gens me voyaient paraplégique, en fauteuil roulant. Rire les empêchait de s'apitoyer. Si je faisais de l'humour, les autres se sentaient autorisés à parler sans détour du sujet gênant : mon fauteuil, mon accident, ma lésion de la moelle épinière.

Mon accident remontait à plusieurs semaines et mes jambes étaient couvertes de poils. Quand infirmières et aides-soignantes sont entrées dans ma chambre, ma mère a craché d'un ton sérieux et faussement jaloux : "Tu en as, de la chance ! Maintenant, tu peux t'épiler tant que tu veux sans jamais avoir mal !"

Le week-end, Thomas et moi prenions souvent le petit déjeuner sur mon lit. Un matin, Thomas est arrivé dans ma chambre avec sa boîte de céréales, prêt à manger. Mais j'étais déjà en train de me transférer dans mon fauteuil.

"Non, Thomas, aujourd'hui, on pend le petit déjeuner à table."

La nouvelle l'a attristé, visiblement : "Mais pourquoi, maman ?

— Parce que ce matin, tu vas jouer au hockey et que je suis déjà debout."

Il s'est mis à rire : "Tu n'es pas debout, maman, tu es dans un fauteuil."

Et il est allé dans la cuisine.

AU TRAVAIL, j'allais en fauteuil d'une réunion à l'autre, ce qui peut être parfois compliqué pour la ponctualité. Je me suis trouvé une nouvelle excuse lorsque j'arrivais quelques minutes en retard, parfois plus : "Désolée, je suis en retard, j'ai crevé un pneu en venant."

Ou, quand j'essayais de prévoir plus de temps entre les réunions pour ne pas être trop en retard, je disais : "Désolée, je ne peux pas venir en réunion demain matin, j'ai rendez-vous pour faire poser mes pneus d'hiver."

À L'ATTERRISSAGE à l'aéroport de Vienne, nous devions avoir un taxi adapté pour nous amener à l'hôtel. Mais c'était un homme, très gentil, avec une simple camionnette qui nous attendait. Le seul moyen d'y monter était de sauter dedans, ce qui était compliqué pour quelqu'un comme moi. Comme je ne connaissais pas l'hôtel et que je ne voulais pas y arriver en retard, ma mère et moi n'avons trouvé qu'une solution : demander à ce très gentil chauffeur de m'attraper par les fesses pour me soulever ! J'aurais pu pleurer. J'aurais pu hurler. J'aurais pu réagir de plein de manières mais j'ai choisi d'en rire, parce que c'était la meilleure solution.

Toutes ces petits moments drôles m'ont aidée à m'adapter à ma nouvelle réalité, et ont aussi aidé les autres à en prendre conscience. L'humour a toujours été présent à la maison, avec ma mère ou avec tous ceux qui devaient s'occuper de moi, physiquement. Il m'a aidée à traverser des situations difficiles.

Pour ma famille, le plus gros gag à rallonge, presque trop ridicule pour être vrai, s'est produit pendant ma rééducation.

Il nous fallait absolument un moyen d'adapter le van de mes parents parce que je ne pouvais pas monter dans leur voiture. Ces modifications étaient nécessaires pour ne pas me limiter aux types d'activités que je pouvais faire avec mon fils. Nous avions donc cherché des exemples.

Un jour, un homme est venu me montrer le van qu'il avait modifié pour sa femme, qui s'était blessée à la hanche. Il avait installé une plateforme élévatrice, côté passager de son van. J'étais si enthousiaste que j'avais même proposé à des amis en rééducation de venir voir comment ça fonctionnait, puisque eux aussi allaient avoir besoin de quelque chose pour monter dans leurs véhicules. Mais quand je me suis approchée de son engin, j'ai vu qu'il était trop haut pour que je puisse m'en servir. Un tout petit peu trop haut.

Déçue, je l'ai remercié d'être venu, remercié de sa gentillesse et de sa sollicitude. Attristé, cet homme extrêmement gentil et déterminé a essayé d'abaisser la plateforme à ma hauteur, mais rien n'y a fait. Notre conversation a ressemblé un peu à ça :

"Vous êtes sûre, ma petite dame, que vous ne pouvez pas monter sur cet élévateur ?

— Oui... Hélas, je ne peux pas me hausser si haut. Donc ça ne marchera pas.

— Vous savez... ma femme se met debout pour s'y installer. Peut-être que si vous vous leviez un petit peu, vous pourriez y arriver.

— Mmm, monsieur, si j'ai besoin de cet engin, c'est parce que je ne peux pas me lever.

— OK. Je comprends. Mais je ne vous demande pas de vous mettre debout, juste de vous lever un petit peu. Ça marcherait si... si vous vous leviez un petit peu.

— Oui. Je comprends. J'aimerais beaucoup pouvoir me lever un petit peu, moi aussi. Si j'y arrivais, je n'aurais pas eu besoin de vous demander de venir et je n'aurais pas besoin de votre machine.

— Bien sûr, bien sûr. Mais vous pouvez peut-être faire porter un peu de poids sur vos jambes et les tendre. Ça vous aiderait à vous asseoir sur la plateforme.

— D'accord. Mais ça voudrait dire que je suis capable de me lever un petit peu, comme vous me l'avez déjà demandé. Et je suis désolée de vous le dire (une fois de plus), mais je ne peux pas le faire.

— Ah d'accord. Quel dommage.

(Moi, *in petto* : Dommage, en effet. Vous me dites ça, à moi !)

"Mais vous pourriez peut-être vous lever juste un tout petit peu. Il n'en faut pas beaucoup, je vous le jure.

— Vous savez, vous devez avoir raison. Je peux peut-être me lever un peu.

— Vraiment ? Vous pouvez vous lever ? Génial !

— Non, je blague. Je ne peux pas du tout me lever. Merci d'être venu."

IL Y A EU BEAUCOUP de fois où en essayant d'être drôle, je me suis plantée. Et il y a eu beaucoup de fois où je n'ai pas essayé d'être drôle mais où ce que je venais de dire m'a fait rire sans que je puisse m'arrêter.

Médecins légistes, chirurgiens, journalistes, croque-morts, plombiers, dératiseurs, toutes les personnes qui font ce genre de métier usent d'humour pour désamorcer les situations qu'ils rencontrent. Et comme ces situations sont souvent dures, l'humour pour les désamorcer est souvent de l'humour noir.

J'ai appris que j'étais capable d'en faire en sortant avec mes meilleures amies. Ce n'était pas une sortie, en réalité, puisque nous étions à une veillée funèbre. Un événement sérieux, émouvant, pour célébrer la vie de quelqu'un d'autre. Au début, nous parlions doucement mais après le départ de tous les autres, nous sommes restées ensemble et avons commencé à rire, à nous moquer et à nous charrier les unes les autres.

J'avais prévu de rester jusque vers vingt-et-une heures, mais il était près de minuit quand ma mère m'a envoyé un sms : *Tout va bien ?* Je lui a répondu que oui et puis j'ai dit à mon amie qui devait me ramener chez moi qu'il était temps d'y aller. Notre conversation a été à peu près la suivante :

"Ta mère t'a envoyé un sms ? a dit Judy.

— Oui. Elle me demande si tout va bien.

— Qu'est-ce que tu lui as répondu ?

— Euh... *Oui tout va bien, je suis juste écrasée dans un fossé quelque part.*" Et puis j'ai levé les yeux vers Judy et ajouté : "Ooops ! Attends, je me suis déjà servie de ça une fois, ce n'est pas le genre d'excuse qu'on a envie d'utiliser deux fois."

C'était idiot. Indélicat. Et pourtant, après avoir dit ça, je n'ai pas pu retenir mon fou-rire.

Mais c'est ainsi que nous réagissons. Il est bon de le savoir. Nous, mamans en fauteuil, nous savons que l'humour noir fait partie de la vie. Certains diraient que c'est une bouée de sauvetage qui rend ces instants plus légers. Le rire relâche la tension et permet de s'en libérer. En mettant l'accent sur le côté ridicule de certaines situations, il remet les choses en perspective d'une manière moins analytique que l'examen sérieux.

Et parfois, l'humour n'est rien d'autre qu'une sincérité brute, authentique et maladroite qui, sans faire rire, a le même effet libérateur.

Comme ce jour sinistre où j'ai acheté une nouvelle voiture. La difficulté d'en acheter une me donnait nausées, maux de têtes et insomnies alors même que ce sont mes parents qui s'étaient occupés de faire toutes les démarches. Il m'a fallu rassembler toute mon énergie pour aller chez le vendeur signer les papiers. Une fois arrivée chez le concessionnaire, je n'ai prêté attention qu'à ce qui était vraiment nécessaire à chaque instant. Le reste du temps, je me suis volontairement imaginée sur une plage, sous les tropiques, histoire d'alléger un peu mon anxiété et d'interrompre les pensées sombres qui tournaient en boucle sous mon crâne.

Mais tous les gens du garage étaient très heureux que j'achète une voiture. Heureux pour moi, bien sûr ! Les gens ne sont-ils pas censés être contents d'acheter une voiture ? Même la personne qui s'est occupée du financement de mon achat avait l'air extatique.

Elle : "Félicitations pour cette nouvelle voiture. Vous devez être très heureuse. C'est une super voiture. Vous l'avez prise de quelle couleur ?

— Grise, je crois.

— Ah, super ! Gris clair ou gris foncé ?

— Je ne sais pas. C'est ma mère qui a choisi la couleur.

— Un modèle de 2015. Génial. Vous avez de la chance.

— Mmm.

— Et vous comptez faire combien de kilomètres par an ?

— Je ne sais pas. Écoutez, s'il vous plaît, dites juste ce que vous avez à dire. Dites-moi ce que vous me proposez, mais arrêtez de me dire que c'est génial que j'aie une nouvelle voiture. La dernière fois que j'en ai eu une, j'ai eu un putain d'accident qui m'a laissée paralysée. Alors si vous voulez vraiment savoir, je me fous du modèle, de la couleur ou de la voiture. C'est pour ça que mes parents sont venus voir les modèles à ma place. Le nombre de kilomètres que je ferai par an ? J'aimerais pouvoir vous le dire, mais je n'en sais rien. Parce que je n'ai aucune envie de faire des kilomètres. Si j'avais le choix, j'en ferais zéro. Donc vendez-moi ce que vous avez à me vendre, parce que j'ai la nausée et que je n'ai qu'une envie : rentrer chez moi."

Il y a eu un blanc, puis :

"OK. Désolée."

SI ÇA N'ÉTAIT PAS UN moment drôle à proprement parler – ni moi ni la chargée du financement n'avons ri –, ce fut un échange honnête, et une meilleure solution pour moi que si j'avais craqué et que je m'étais mise à pleurer.

L'humour a de nombreuses formes, du jeu de mots enfantins à l'expression libératrice la plus sombre et la plus sincère. Sous toutes leurs formes, l'humour et le rire sont nécessaires. Libérateurs, ils permettent de nous reconnecter à nous-même, de nous évader de notre prison.

ALLER DE L'AVANT AVEC HUMOUR

L'humour me permet d'échapper à la pesanteur et à l'angoisse d'une situation. C'est comme si, en un instant, tout perdait son importance. Le temps est suspendu.

Rire d'une situation imprime différemment cette situation dans la mémoire. Une situation pénible devient liée à des sentiments plus légers. L'humour me permet de supporter le stress et réduit l'impact négatif que ce stress a sur ma santé physique et mentale. Ces situations très stressantes affectent mon moral et mon discours intérieur. Elles augmentent mon désarroi, affectent ma santé mentale et peuvent conduire à la dépression.

L'humour est un remède qui peut, j'en ai fait l'expérience, contrer cette spirale négative.

L'humour apporte aussi de l'espoir car il offre une libération dans laquelle je peux voir les situations différemment. Quand je peux rire de moi ou de ma situation, je peux éliminer la honte que j'en ressens. Quand je me vois sous un prisme moins sérieux, j'apprécie mieux les excentricités de l'humanité.

CHAPITRE 18

ET LES COPINES, ALORS ?

Pendant ce temps de deuil, et sur le chemin de la guérison, je me suis très souvent sentie seule. J'étais très repliée sur moi-même et je me sentais en permanence fatiguée. J'avais aussi l'impression d'être devenue un fardeau pour les autres. Je ne pouvais plus rien faire spontanément parce que j'avais besoin de tout planifier à l'avance, de me renseigner sur l'accessibilité des lieux où j'allais. Et donc, je ne pouvais plus faire ce que je faisais avant en groupe.

J'avais toujours eu un bon nombre d'amies solides. Je n'en ai perdu que très peu après mon accident. Plusieurs d'entre elles, en particulier, sont venues régulièrement me voir. Je les ai baptisées "les Six Fantastiques".

Avant, trois fois par an, nous allions passer le week-end dans le chalet de mes parents. En empruntant la route même sur laquelle j'ai eu mon accident. Désormais, ce chalet ne m'était plus accessible. Le terrain accidenté ne me permettait pas d'y être autonome, chose que je détestais. Et donc naturellement, ces weekends avec les Six Fantastiques avaient cessé.

Mes amies ne se sont pas découragées. Elles voulaient qu'on aille à Las Vegas ensemble, ou qu'on passe une semaine quelque part au chaud, dans le Sud. J'avais envie d'y aller, mais ça me semblait impossible. J'étais enfermée dans l'idée que ça n'était plus pour moi. Je me disais que c'était plus facile pour elles de ne pas avoir à tout prévoir en fonction de moi, et je me sentais coupée d'elles. Même quand nous faisions des choses simples ensemble, comme aller au restaurant, je me sentais émotionnellement étrangère. Comme si ma vie était trop différente de la leur. Ce sentiment a duré des années. Jusqu'à ce que l'une d'entre elles me dise qu'elle en avait assez, et que je devais cesser.

Elle m'a avoué avoir eu peur de me perdre lorsqu'on lui a parlé de mon accident. Elle m'a dit qu'elle sentait bien que je n'étais plus sur la même longueur d'onde qu'elles. Et elle m'a confié qu'elle ne voulait pas me perdre alors que j'étais toujours là. Et puis elle a dit qu'il fallait que je trouve le moyen de revenir parmi elles.

C'est ce que j'ai fait. Nous avons trouvé une maison adaptée que nous pouvions louer, le week-end. Et nous y sommes allées deux fois par an ; en évitant l'hiver, qui reste une période délicate pour moi.

Ce fut dur au début, parce que je ne pouvais pas veiller aussi tard qu'elles. Elles pouvaient boire plus que moi. Elles pouvaient plonger dans le bain à remous. Elles pouvaient manger ce qu'elles voulaient.

Je me sentais coincée dans cette maison, mais je me disais qu'au moins, j'étais avec elles. Et quand j'ai eu besoin d'aide aux toilettes, il m'a fallu trente minutes pour trouver la force de leur demander de l'aide. Mais elles ont répondu avec sollicitude et m'ont aidée à me nettoyer. Sans jugement. Avec uniquement de l'amour. Et cela m'a rappelé pourquoi je les avais choisies comme amies.

Je devais apprendre à m'adapter, et à ne pas me barrer moi-même le chemin.

CELLES QUI ME COMPRENNENT : MES NOUVELLES COPINES

Avoir des relations authentiques avec des gens, montrer ma vulnérabilité, partager mon histoire, mes difficultés et mes victoires, ce n'est pas de la faiblesse, ni de l'apitoiement, ni une volonté d'attirer l'attention. Et ce n'est pas un renoncement. Je le redis (pour moi-même) : Ce n'est pas de la faiblesse ni une volonté d'attirer l'attention.

C'est faire du réseau. Un réseau sain. Les liens sains sont une nécessité.

J'ai résisté très longtemps. Après tout, je savais tout là-dessus. Que pouvaient-elles m'offrir que je ne sache pas déjà ? Je savais aussi que rejoindre un groupe de personnes dont la moelle épinière avait été touchée signifiait que j'acceptais d'être de celles-là. Et je ne voulais pas être une de ces personnes. Je me considérais encore comme différente. J'étais mère célibataire, et je me disais que ces groupes abordaient beaucoup de questions, mais pas celle de la parentalité. Ou alors je pensais que certains groupes étaient plus orientés vers les athlètes en fauteuil, dont je ne faisais évidemment pas partie. Il y avait toujours quelque chose qui m'empêchait de participer à ces groupes.

J'étais la meilleure non-adhérente du monde. Au début, j'étais réticente à accepter une nouvelle part de mon identité (maman en fauteuil roulant, personne touchée à la moelle épinière). Je ne me sentais pas à ma place, je me croyais la seule à me battre pour mon droit à la parentalité, la seule dans ce scénario de mère célibataire en fauteuil.

Une de mes collègues, qui travaille aussi dans le domaine des parents ayant des handicaps (physiques et neurologiques), m'a suggéré de créer un compte Instagram et de suivre quelques autres mamans qui sont aussi en fauteuil. Leurs publications m'ont plu, j'ai commencé à les commenter de temps à autre, et certaines d'entre elles se sont mises à me suivre également. J'ai compris que j'avais commencé à bâtir une communauté de gens avec des caractéristiques semblables. Et faire partie de cette communauté virtuelle de mamans en fauteuil roulant m'a aidé à comprendre ce que je pouvais faire avec Thomas, parce que je voyais ce que d'autres mamans faisaient avec leurs enfants.

Plus j'étais en contact avec elles, même brièvement, plus je me sentais forte. Plus je sentais que ma perspective, mon point de vue, mes difficultés et mes succès étaient non seulement visibles mais compris. Et, plus important encore, partagés et approuvés. Tout à coup, j'appartenais à un groupe de femmes déterminées qui m'acceptaient comme l'une des leurs. Et plus j'en connaissais, plus je créais de liens, plus je commençais à reconnaître ma légitimité propre.

J'ai commencé à sentir que je pouvais être – que j'avais toujours été, peut-être – une vraie combattante, non seulement pour moi, mais en leur nom et au nom de celles qu'on n'entend pas. Je me sentais édifiée, grandie. Plus je rencontrais de femmes ou de mamans en fauteuil roulant, plus je me sentais forte, parce que je reconnaissais leur force et leur beauté comme miennes. Et plus je voulais m'impliquer et me battre pour nos droits, plus je me sentais forte, plus j'avais envie de créer des liens. Ce cycle ne s'arrête pas.

Créer des liens avec d'autres qui ont vécu les mêmes difficultés que nous nous aide à changer et à grandir.

Il m'a fallu dix ans pour avoir envie de créer des liens avec d'autres mamans en fauteuil roulant, *en tant que femme en fauteuil roulant.* Et aujourd'hui, parce que j'ai accepté qui je suis (une femme en situation de handicap qui est maman), je peux créer ces liens et les ressentir vraiment.

J'ai fait du chemin depuis la période difficile où je me sentais déconnectée de tout et de tout le monde. Une période où j'étais sans objectif, sans direction, désespérée. Je ne savais pas à quel groupe j'appartenais. Mes amies valides ? Mes nouvelles amies handicapées ? J'étais pleine de ressentiment et, parce que j'étais en colère, chaque aide qu'on me proposait était comme un coup de couteau dans le ventre. Je voulais montrer ma gratitude mais je détestais tant mon indigence que toute proposition d'aide me laissait un goût amer.

Rétrospectivement, je ne le regrette pas. Je devais en passer par là. Je devais exprimer sincèrement mes sentiments. C'est par cette sincérité que j'ai trouvé le moyen d'avancer. C'est quand nous sommes les plus authentiques que nous pouvons progresser le plus. C'est quand nous sommes totalement sincères que nous pouvons réellement créer des liens.

Aller de l'avant pour créer des liens

L'être humain est un être social. Qui s'épanouit au sein de communautés. Quelque part dans les souvenirs de nos souvenirs, il y a des villages où des mères avec des enfants font des colliers de perles, cousent des vêtements, cueillent des baies, se protègent les unes des autres du danger, s'abritent de la pluie, prennent soin les unes des autres, prennent soin des enfants des autres, sans abandonner personne.

Créer des liens demande de faire des projets. De rechercher l'intérêt collectif. J'ai toujours pris soin, à chacun de mes voyages, d'inviter ma nièce ou ma belle-sœur afin d'en faire une expérience qui nous soit profitable à chacune. Pendant le voyage, cela faisait une personne en plus pour m'aider et cela nous permettait de savourer un lien particulier. Grâce à ça, j'ai pu apprendre à accepter l'aide qu'on me proposait, et j'ai compris que je participais ainsi à co-créer, pour les autres, de la connaissance et du plaisir. Nous étions, en somme, réunies pour cueillir des baies, faire des colliers et nous mettre les unes les autres sous l'abri que constituait ce lien.

Nous sommes plus forts quand nous sommes ensemble, cela nous permet de mieux supporter les douleurs physiques ou émotionnelles. Avec le soutien des autres, ce qu'il y a de pire dans la vie devient supportable. Grâce à ces villages de liens, à ces tribus, à ces amitiés, à ces réseaux, nous trouvons les racines d'une stabilité émotionnelle, pour nous et pour nos enfants.

Plus je crée de liens, plus je reconnais les forces et la beauté des autres comme miennes.

CHAPITRE 19

IL FAUT UN VILLAGE...

La parentalité collective, ou coparentalité, est plus répandue qu'on ne pourrait le penser. Elle ne concerne pas que nous, les mamans en fauteuil roulant, qui avons peut-être besoin d'un peu plus de participation des habitants de notre village.

Je fais bien sûr référence à cette formule : "Il faut un village pour élever un enfant", qui décrit un fait qui n'a pas changé depuis l'époque où nous vivions tous dans des villages. Dans nos cadres urbains où tout va très vite, parfois la réalité de cette coparentalité de village ne devient visible que lorsqu'une crise survient, que la tragédie frappe ou alors, à l'inverse, dans les moments les plus joyeux qui font verser une larme aux nounous, aux grands-parents, aux oncles et tantes, et aux professeurs quand les enfants chantent sur une scène ou qu'ils réussissent une jolie passe lors d'un match de hockey. Le reste du temps, dans la vie courante, nous ne pensons pas forcément à ce village. Et pourtant il est là.

Le secret, dans la parentalité collective, la coparentalité consciente, c'est que l'enfant doit savoir qui prend les décisions et vers qui il doit se tourner quand il en a besoin. Aides, coparents et autres membres de l'équipe doivent s'entendre sur ce point, pour que chacun sache comment les choses fonctionnent. La vie est plus simple quand nos rôles sont bien définis, et cela permet aussi de mieux nous adapter quand une situation, qui arrive inévitablement, nécessite de recourir à un plan B ou C.

LA RELATION de coparentalité que j'ai établie avec ma mère est solide parce que ma mère ne remet pas en question le fait que je *suis* la mère de Thomas.

Mes parents faisaient partie du village avant l'accident mais en un instant, ils sont devenus coparents de Thomas à plein temps. Tout en restant des parents inquiets pour leur fille (moi) qui venait de frôler la mort, ils ont aussi dû s'adapter à un changement brusque et radical de leur propre situation.

Pour ma part, la coparentalité ne m'intéressait pas, avant ; c'est pour cela que j'avais eu Thomas seule. Je ne voulais pas de parentalité partagée, ni avoir à négocier pour savoir si je l'aurais avec moi à Noël ou pendant les vacances d'été. Je ne voulais pas de garde alternée une semaine sur deux. J'avais l'intention d'être son seul parent à plein temps. Par un mauvais tour du destin, mon accident m'avait volé tout ce que désirais et l'avait remplacé par tout ce dont je ne voulais pas.

Mais j'ai appris à voir le bon côté de ça aussi.

Je me suis appuyée sur mes parents et j'ai fini par comprendre, en élevant mon petit bout de chou, que le soutien permanent de mes parents pouvait être merveilleux pour Thomas et pour moi. Je pouvais me forcer à tout faire toute seule, me fatiguer, ce qui me rendait grognon et m'empêchait de bien gérer mes émotions, ou je pouvais laisser mon fils développer des liens forts, merveilleux et enrichissants avec ses grands-parents. J'ai aussi compris qu'il me fallait une aide physique pour élever Thomas, les premières années, mais que je n'en aurais pas besoin toute la vie. Je savais que cette aide était situationnelle, contextuelle, et qu'elle ne serait pas éternelle.

Au début de cette période où je ne me sentais plus pleinement la mère de Thomas parce que je ne pouvais pas m'occuper de lui comme je l'avais prévu, je me suis même demandé pourquoi je faisais semblant d'essayer. Je me suis désengagée de mon rôle de parent. Mais je le reprenais chaque fois, parce que je remarquais des petites choses que mes parents faisaient et qui me déplaisaient ou que j'aurais faites différemment. Comme de lui tapoter les fesses ou de trop insister sur ses leçons de musique.

C'est alors que j'ai compris qu'il fallait que je reprenne la direction des opérations. Et j'ai commencé à réaliser que c'est moi que Thomas venait voir en premier pour demander un avis, un conseil. J'ai compris le lien émotionnel qui nous unissait. J'ai vu que Thomas avait compris que la relation mère-enfant primait, centrale, avec d'autres personnes qui nous aidaient autour. Des personnes aimantes, merveilleuses, qui nous portaient un amour inconditionnel, mais qui néanmoins n'étaient pas au centre de la chose. Grâce à Thomas, j'ai compris comment faire.

Car si mes parents nous ont sauvé la vie, et je leur en serai éternellement reconnaissante, Thomas a joué un grand rôle pour les intégrer dans ce collectif coparental. Il savait que j'étais le "chef de famille", mais il savait aussi que ses grands-parents étaient là pour l'aider chaque fois qu'il le demandait. Il savait aussi ce que mamie faisait très bien, ce que papi était prêt à faire, mais que tout le reste, et notamment les décisions importantes, venait de moi.

Thomas nous voyait comme un collectif d'amour, une compagnie de guides, chacun avec des ressources auxquelles il avait accès. À charge pour moi de fixer le rôle de chacun, de poser des limites et de m'assurer d'une communication parfaite entre nous trois, chose nécessaire si nous voulions réussir. Et parce que les coparents de Thomas étaient mes parents, je devais m'assurer que mes relations avec mes parents n'interféraient pas dans cette coparentalité. En d'autres termes, il était important que nous puissions être coparents même si nous avions un désaccord par ailleurs. Ce qui signifiait que notre alliance coparentale devait passer en premier, puisque Thomas passait en premier. Ainsi ma mère a toujours répondu à mes demandes, même si nous n'étions pas d'accord. J'étais sa fille. Thomas était mon fils.

En tant que femmes, cueilleuses, faiseuses de colliers et bâtisseuses d'abris de nos villages modernes, ma mère et moi avions un lien tout naturel. Même quand j'ai moins eu besoin d'aide, que Thomas est passé de tout petit à jeune garçon, la coparentalité a perduré alors même que les circonstances changeaient. Le village n'allait pas disparaître. Il se développait, de la même façon que les enfants grandissent et que des influences plus nombreuses entrent dans nos vies : enseignants, entraîneurs, cousins, oncles, tantes, amis, parents d'amis...

Quand j'ai eu Thomas, j'étais désireuse, impatiente même, de le voir tisser des liens avec les autres, passer des moments privilégiés avec ses grands-parents, ses oncles et tantes. Mais je n'étais pas préparée à la relation authentique et intense qu'il allait développer avec ma mère. Avec mon père, les choses étaient différentes parce Thomas n'avait pas de père, je n'étais pas une figure masculine et il n'y avait aucun risque que mon père prenne ma place. Il avait tout l'espace qu'il voulait ou qu'il avait besoin de prendre. Je ne me sentais pas menacée.

Mais ma mère était une maman. La mienne. Et j'étais celle de Thomas. Alors comment son rôle, ses responsabilités, allaient-ils se différencier des miens ? Comment allait-il se repérer entre maman et mamie ?

Ma mère avait aussi tendance à représenter la figure maternelle. Mais je ne voulais pas de ça. Je voulais qu'elle soit une extension de moi-même, et une grand-mère, mais pas la mère de Thomas. Pourtant, il a parfois eu besoin d'un lien maternel avec elle. C'est ma tante, la sœur de ma mère, qui a joué en partie le rôle de grand-mère. En tout cas, c'est comme ça que Thomas a accepté les choses.

Je suis certaine que ça a été dur pour ma mère de ne pas savoir quelle était sa place. Mon père recevait des cadeaux pour la fête des Pères, et je recevais des cadeaux de Thomas pour la fête des Mères. Et malgré tout ce qu'elle pouvait faire pour nous, il n'y avait pas de jour pour l'honorer, elle. Tous ces cadeaux pleins d'imagination que Thomas faisait étaient pour une personne le jour de la fête des Pères, pour une autre le jour de la fête des Mères.

Les écoles ne sont pas totalement adaptées au fait qu'il y a différentes sortes de familles. Il faudrait célébrer la fête des Parents et des Coparents, au lieu d'avoir une fête des Mères ou des Pères.

Il y a eu des fois où je sais qu'elle s'est sentie perdue, gênée. Mal à l'aise. Qu'elle ne savait plus ce qu'elle devait ou ne devait pas faire. Il y a eu des moments où je lui en ai voulu de pouvoir faire ce que je ne pouvais pas faire avec Thomas. D'avoir ces moments privilégiés qui m'étaient destinés. Le conduire à l'école, par exemple, qui était un des moments où Thomas avait toujours très envie de parler. Ou le ramener de l'école, parce qu'elle savait tout de sa journée avant moi.

Dans ma situation, il y a eu des moments où ma mère et moi allions faire des courses, par exemple, et où nous pouvions en discuter. Parfois je la lançais sur le sujet, parfois c'est elle qui commençait. Je disais ce qui m'agaçait, ou ce que j'aurais préféré qu'il se passe et, dans ce monde magique de la puissance maternelle, elle s'adaptait et je promettais d'être plus tolérante et de mieux accepter ce qui était.

Une de ces discussions a conduit ma mère à dire à Thomas : "C'est super, ce que tu as fait à l'école, mais tu devrais peut-être le dire d'abord à ta maman." Elle a appris à le rediriger vers moi. Comme nous le faisions lorsqu'il était petit. Thomas sait maintenant très bien les choses dont il veut parler avec mamie, celles dont il doit d'abord me parler à moi, et celles qu'il veut nous dire à toutes les deux.

Ma mère a aussi appris à rediriger tous les professionnels qui travaillent avec Thomas vers moi. Comme l'ophtalmologue qui voulait expliquer quelque chose à une figure parentale, l'ergothérapeute ou l'orthophoniste dont les locaux n'étaient pas accessibles en fauteuil, et où c'est elle qui accompagnait Thomas. Elle a accumulé d'innombrables formules pour bien marquer que c'était moi, sa mère. "Ne me dites pas ça à moi, je ne suis que le chauffeur, dans cette histoire." Ou bien : "C'est ma fille qui va suivre le dossier. C'est elle qui paye. Parlez-lui en, à elle. Pas à moi. Je ne sais pas comment elle veut que les choses soient faites, ni si elle veut les faire." Ou encore : "Je ne comprends pas ce que vous voudriez que je fasse. Ce n'est pas mon domaine. Voilà son numéro. Je peux l'appeler maintenant si vous voulez. Sinon appelez-la plus tard."

Les problèmes surgissaient souvent à la maison, quand je sentais qu'on empiétait sur mon espace. Malgré cette atmosphère de village dont je parlais, nous sommes tous des êtres territoriaux. Demandez à deux enfants assis sur la banquette arrière d'une voiture. Il en va de même pour les adultes. Pour ma part, j'avais "l'impression" que mon père ou ma mère entraient chez moi sans autorisation – ce qui, rétrospectivement, fait sens, puisque j'étais leur enfant. Ils étaient mes parents, et ils m'aidaient.

Parfois, ils venaient laver mon linge ou faire la vaisselle, mais je n'aimais pas qu'on décide à ma place de ce qui devait être fait, ni quand. Je détestais ça, en réalité. Mais j'étais partagée entre l'agacement et la gratitude, parce qu'ils m'aidaient. À l'inverse, ma mère me trouvait souvent ingrate quand ce que je disais n'était pas à la hauteur de ce qu'elle attendait. Nous étions toutes les deux agacées, en colère, et pourquoi ? Parce que je voulais laver moi-même le linge de mon fils. C'est une chose que je pouvais faire, en tant que mère. Une chose que beaucoup de parents aimeraient pouvoir déléguer à d'autres mais dans mon petit monde – dans mon monde que je percevais comme petit – je voulais le faire pour montrer à Thomas, me montrer à moi-même, et montrer au monde, que j'étais une maman.

LA COLÈRE et le ressentiment peuvent être contagieux. Les enfants sont comme des éponges, nous le savons, mais ce qu'ils absorbent des mésaventures de la coparentalité est très fort, tout comme ce qu'ils retirent de ses réussites, d'ailleurs.

J'apprenais Thomas à débarrasser le couvert, ma mère entrait, débarrassait automatiquement son couvert et le mien. Je réagissais vivement. Et la réaction de Thomas était à l'image de la mienne. Il se mettait en colère contre sa mamie parce que c'était *à lui* de débarrasser. Certes, il ne le faisait pas à l'instant même, mais il allait s'y mettre. Il était chargé de s'occuper du lave-vaisselle, il allait même être payé pour ça et il en voulait à sa mamie de lui voler ses responsabilités. Il a donc appris à lui dire : "Non, c'est à moi de le faire." Ce qui parfois la mettait à son tour en colère ou la blessait. Elle a mis très longtemps à comprendre, parce qu'elle faisait ça par affection. Il fallait parfois que je lui demande de "lâcher ça" ou de "remettre cet objet là où il était" pour que Thomas – ou moi – puissions nous en occuper nous-mêmes.

Ce genre de problème survient quand nous nous sentons sous-évalués, qu'on remet en question notre manière d'être adulte et que nous sommes relégués au rang d'enfant. Nous avons le droit de nous sentir frustrés lorsque d'autres prennent des décisions qui nous concernent en notre absence. Quel qu'ait été notre rôle avant de devenir une maman en fauteuil roulant, nous sentons que nous avons perdu beaucoup de notre statut social. Accepter cette perte est difficile quand nous sommes en même temps coparents. C'est une période où les relations entre coparents peuvent être très délicate.

Quand ce sont nos propres parents qui sont coparents, il nous arrive de nous replier sur nos relations passées d'enfant à parents. Je sais que je réagis parfois vis-à-vis de ma mère comme si j'étais une enfant et que nous pouvions revenir à ce lien mère-fille que nous avions quand j'étais jeune. Je me suis déjà surprise à jouer ce jeu du rapport de force enfant-parent, tout en sachant que Thomas nous observait et qu'il reproduirait ensuite mon comportement. Je suis restée aussi vigilante que possible pour faire comprendre à Thomas que mon rapport avec sa mamie est différent de celui qu'il a avec moi et de celui qu'il a avec elle ; nous avons tous une identité différente dans nos relations. Et en fin de compte, je dois me rappeler que dans toute relation de coparentalité, il y aura des difficultés. Ce n'est pas simplement parce que je suis une maman en fauteuil.

LE LIEN de coparent entre ma mère et moi est fort parce que ma mère ne doute pas que je suis la maman de Thomas. Elle déborde parfois un peu, mais sans jamais le faire exprès. Elle fonctionne simplement avec sa propre conception de la maternité. Et quand je le souligne, elle fait en sorte de s'adapter, comme nous devons tous le faire dans des relations sincères.

La coparentalité évoluant, ces adaptations dépendent des situations rencontrées et de l'âge de l'enfant, ou des enfants. Expliquez ce concept d'équipe aux enfants : ils ne sont pas la mascotte en peluche sur la ligne de touche, ils sont sur le terrain, dans un rôle central.

Nos rôles évoluant, j'ai réussi à faire des choses comme aller à des fêtes d'anniversaire (quand le lieu s'y prêtait) avec Thomas. Avant de partir, je lui rappelais que nous ferions les choses plus lentement qu'il n'en avait l'habitude. Que nous prendrions le temps, que nous trouverions une solution à chaque difficulté rencontrée et qu'avant de faire quelque chose, nous en discuterions. Ce qui demandait à Thomas de maîtriser ses élans d'enfant de quatre, cinq ou six ans. Le soir, ou en rentrant à la maison, Thomas était un peu plus agité que d'habitude après avoir dû se contrôler pendant ces sorties. Il fallait l'accepter, et je devais être plus indulgente.

Et comme nous faisions de plus en plus de choses de cet ordre tous les deux, le rôle de mamie a dû changer. Elle venait avec nous aux leçons de natation mais au lieu d'entrer dans le vestiaire, elle restait spectatrice.

Thomas grandissant, la répartition des rôles est devenue plus facile. Il pouvait désormais décider de lui-même qui allait faire quoi avec lui, et nous suivions son avis. Il choisissait de faire certaines choses avec ma tante, d'autres avec ma sœur, ma belle-sœur ou mon frère.

Et pour les rôles quotidiens, nous avons aussi instauré une certaine routine. Ma mère, Thomas et moi vivons sous le même toit, mais dans des appartements séparés ; elle a des tâches spécifiques à remplir pour faire tourner la maison (courses, cuisine, plier le linge, conduire Thomas) et je suis celle qui prend les décisions sur l'avenir de Thomas ou sur le fait qu'il aille camper, etc.

La nouvelle dynamique qui s'est instaurée, c'est que si Thomas n'aime pas la manière dont mamie s'est occupée d'une chose qui s'est produite pendant qu'elle le conduisait quelque part, par exemple, il va m'en parler et me demander d'arranger les choses. Il me dira : « Parle à mamie, je n'ai pas aimé qu'elle...»

Et donc oui, le meilleur moyen d'aller vers une communication claire, c'est d'avoir une communication claire – et de prendre la responsabilité de ce qu'on dit.

QUAND THOMAS ÉTAIT PLUS petit et qu'il avait quelques difficultés de comportement, mes parents et moi étions souvent en désaccord sur la manière d'être parent. Encore aujourd'hui, ma mère et moi pouvons ne pas être d'accord. Par exemple, Greta Thunberg est venue à Montréal en septembre 2019 et il m'a semblé important que Thomas puisse participer à la marche. Ma mère pensait que ce n'était pas une raison suffisante pour aller se faire coincer dans une foule. Mais je voulais y aller, et je voulais emmener Thomas, même si ça l'obligeait à manquer l'école. J'ai failli laisser ma mère me faire changer d'avis, et je suis sûre que lui en aurais voulu ensuite. Mais j'ai eu de la chance. Mon amie Margaret m'avait entendue, et comprenait pourquoi c'était une manière importante pour moi d'apprendre à Thomas ce qu'impliquait le dérèglement climatique. Et comme je suis restée ferme sur mes positions (grâce à Marge), c'est ma mère qui a changé d'avis. Elle a bien montré qu'elle n'était pas enthousiaste, mais elle est venue quand même parce qu'elle pensait que ce serait plus sûr pour Thomas et moi d'être accompagnés (d'avoir un deuxième garde du corps, en somme), dans cette foule.

Nous ne nous sommes pas disputées, cette fois-là. Mais quand Thomas était plus jeune, il est arrivé plusieurs fois que je finisse par crier sur mes parents parce qu'ils avaient fait quelque chose que je leur avais demandé de NE PAS faire. J'ai aussi plusieurs fois dû leur demander de quitter l'appartement. C'était très étrange. Je criais comme si moi j'étais leur mère, tout en étant leur fille. J'ai parfois dû justifier mon point de vue ou mes décisions, ce qui me déplaisait beaucoup. Par exemple, mon père voulait que Thomas apprenne le piano. Mais une année, son emploi du temps étant trop chargé, Thomas a dû faire le tri dans ses activités et a renoncé à la musique. Mon père n'a pas cessé de répéter combien il était déçu que Thomas ne fasse plus de musique. Pendant des mois, nos échanges ont ressemblé à un disque rayé. Mon père exprimait sa tristesse que Thomas ne joue plus de musique, je répétais que son emploi du temps était trop chargé. Et puis j'ai eu une révélation : la déception de mon père datait du temps où j'étais, moi, enfant. Et donc il ne s'agissait absolument pas de Thomas. J'ai cessé d'argumenter.

ALLER DE L'AVANT AVEC LA COPARENTALITÉ

Nous avons tous besoin de répit à certains moments. Nous pourrions peut-être embaucher quelqu'un pour faire notre ménage, une baby-sitter pour garder le ou les enfants quelques heures. Se faire livrer ses courses peut être considéré comme une forme de répit, car ça nous fait gagner du temps. Et si ça ne nous permet pas de dormir plus longtemps, ça nous libère du temps pour pouvoir assister au match de hockey, de foot ou au cours de danse de nos enfants. Mais ce sont en général des gens que nous employons, que nous payons. C'est une transaction quasi-contractuelle : ils font ce que nous demandons et nous les payons.

La coparentalité n'est pas une aide rémunérée. La coparentalité est affaire de dévouement, d'amour inconditionnel, c'est une
immense responsabilité à long terme. La coparentalité repose sur
des valeurs, c'est un contrat qui n'est pas transactionnel mais sacré.

Il est utile de se rappeler cette différence quand nous prenons
des décisions qui changent radicalement la vie, après avoir vécu un
événement qui a changé radicalement notre vie.

CHAPITRE 20

TOUJOURS PRÊT

R obert Baden-Powell, le fondateur du scoutisme, avait choisi comme devise: *Toujours prêt*. À l'époque, on lui avait demandé à quoi les scouts devaient être prêts.

"Eh bien, à tout", avait-il répondu.

Par la suite, il a écrit qu'être prêt, c'était un état d'esprit qu'il fallait avoir constamment. Il pensait que les Boy Scouts devaient être prêts, physiquement comment mentalement, à devenir des leaders et à relever les défis avec courage. Plus de cent ans après, la devise n'a pas changé.

Sa traduction résonne partout dans le monde. *Be prepared*, dans sa langue d'origine, *Siempre listo*, en espagnol, *Sii preparato* en italien... Reconnaissons-le, où que nous soyons dans le monde, c'est un bon conseil, celui qui nous fait toujours avoir une épingle de sûreté dans la poche ou nous pousse à accomplir une tâche administrative aussi inconfortable que celle de préparer son testament.

ADOLESCENTE, je me suis inscrite aux Cadets de l'Air. J'ai adoré ça : la discipline exigée, le sentiment d'appartenance, les liens que ça créait et qui me grandissaient, l'apprentissage de choses que je n'aurais pas apprises autrement. Grâce aux Cadets de l'Air, j'ai découvert que j'adorais enseigner, que j'aimais trouver de nouveaux moyens de soulever l'intérêt des étudiants. Et quand je suis devenue monitrice de survie, j'ai rapidement adopté notre devise : *Attends-toi à l'inattendu, soit prêt à tout.*

Être Cadet, ça signifiait être observateur, se préparer à tout ce qui pouvait nous arriver. Ça voulait dire s'assurer du matériel, savoir où trouver informations et ressources. Dans un de nos camps de survie en comapgnie d'un escadron des Cadets de l'armée de Terre, tous les sous-officiers (dont j'étais) furent réveillés en pleine nuit, et durent faire leur sac en cinq minutes, sans savoir pourquoi, ni où ils allaient, ni ce dont ils avaient besoin. Nous sommes sortis faire une marche de nuit en pleine nature. À chaque point de contrôle, j'ai réorganisé un élément de mon paquetage. À intervalles réguliers, je levais les yeux. Vers le ciel, vers les arbres, j'observais le terrain. À un moment, nous avons traversé une route, et j'en ai pris note aussi. Au bout de trois heures de marche environ, nos officiers nous ont demandé où nous pensions être. J'ai dit : "Nous avons marché trois heures, en rond, pour revenir à proximité du camp de base. Nous sommes près d'une ville de 60 000 habitants, selon le panneau de bienvenue que j'ai aperçu en traversant une route, il y a un petit moment."

Je ne savais pas vraiment où nous étions, mais j'ai fait part de ce que j'avais observé. Et ça a suffi à impressionner les autres sous-officiers et nos supérieurs ; ça nous aurait peut-être permis de rentrer au camp, si nécessaire.

Nous ne savons pas toujours où nous allons, ni ce qui va arriver, mais nous pouvons de toute façon faire attention à ce qui se produit en chemin, parce que ça peut nous être utile à un moment donné.

Vingt ans après mon expérience chez les Cadets, j'ai eu un accident de voiture et j'ai échappé à la mort. Mére célibataire, je savais que j'étais assurée par le biais de mon travail et j'avais pris toutes les options importantes sur mes contrats de banque et d'assurance. En tout cas je le croyais. Jusqu'à ce que j'en aie besoin. J'ai vu que mon assurance professionnelle n'aurait pas payé grand-chose si j'étais morte. Et sur le contrat d'assurance de ma banque, j'avais coché toutes les cases sauf celle dont j'avais besoin : l'invalidité. Je n'allais recevoir aucune aide pour rembourser mon emprunt immobilier.

Dieu merci, mes parents ont pu s'occuper de mon emprunt, de mes factures courantes, et avaient accès à mon compte bancaire pour payer ce dont Thomas avait besoin, tout le temps que j'ai passé à l'hôpital et en rééducation. Quand j'étais partie en Australie après mes vingt ans, j'avais désigné mon père comme second responsable de tous mes comptes. Quand l'accident est arrivé, c'est grâce à ça qu'ils ont pu continuer à payer mes factures à ma place.

Dans mon testament, j'avais déjà stipulé que si mes parents étaient encore en vie, c'était à eux que revenait la responsabilité de mon fils, si jamais j'étais toujours vivante mais incapable de m'en occuper moi-même. L'accident ne m'a pas rendue incapable de le faire, j'ai simplement été indisponible pendant quelques mois puisque j'étais en rééducation. Et comme j'avais coché toutes ces cases, mes parents étaient légalement habilités à agir en mon nom. Si je n'avais pas fait ça, la protection de l'enfance serait peut-être intervenue.

Je vis avec des lésions à la moelle épinière, je suis donc bien placée pour savoir que la vie est incertaine et incontrôlable. Je n'ai pas oublié mon entraînement à la survie chez les Cadets de l'Air, ni la devise *Toujours prêt*. Ils me rappellent, encore aujourd'hui, que tout peut arriver à tout instant. Et il nous faut soit prévoir tout ce qui peut mal tourner, soit adopter un état d'esprit qui nous fera dire : "S'il arrive quelque chose, je l'affronterai du mieux que je peux".

MA SŒUR A QUATRE ENFANTS. Le plus jeune, Ben, est le gamin le plus drôle que je connaisse. Lui et moi avons une relation magique depuis qu'il est bébé. J'étais déjà en fauteuil quand il est né et souvent, lui dans sa chaise haute, moi dans mon fauteuil, nous restions ensemble parce que tel ou tel endroit où allaient les autres ne nous était pas accessible. Nous nous sommes souvent retrouvés tous les deux en tête à tête. J'ai appris à le distraire et notre communication a pris un tour qui n'appartient qu'à nous.

Ben et moi restions en arrière quand tout le monde allait skier. C'est plus simple ainsi, parce que ma mère et ma sœur avaient déjà à s'occuper de quatre jeunes enfants. Nous passions tous les deux la journée à faire des gâteaux ou à jouer à des jeux, et j'avais toujours une activité d'avance à lui proposer, pour garder son attention sur l'instant présent et éviter qu'il se mette à réclamer sa mère. Préparer ces activités, c'était me préparer à l'inattendu, être prête à rediriger son attention sur autre chose s'il le fallait. Ça me sauvait la journée.

ALLER DE L'AVANT ET ÊTRE PRÊTE À VOYAGER

Six mois après mon accident, quand j'ai assisté à cette première conférence à Halifax, nous avons fait une liste de tout ce dont j'avais besoin pour mes soins corporels et nous avons trouvé une association, en ville, d'assistance aux personnes touchées à la moelle épinière. Ainsi, si j'avais besoin d'aide, nous avions un numéro de téléphone. Nous pensions nous être préparés le mieux possible.

Le premier jour, j'ai réalisé que j'avais une infection urinaire. Je n'avais pas emporté d'antibiotiques, alors ma mère et moi avons dû perdre six précieuses heures à attendre dans un service d'urgences de voir un médecin pour qu'il nous fasse une ordonnance d'antibiotiques. Ce fut un bon rappel qu'il faut s'attendre à l'inattendu. Je voyage aujourd'hui toujours avec des antibiotiques, au cas où.

Par la suite, après de nombreux voyages à Hawaii, en Australie, en Finlande, en France et au Royaume-Uni, j'ai appris que je devais aussi voyager avec un kit de réparation pour mon coussin Roho, qui est en partie gonflable : il s'est percé pendant que j'étais à Hawaii ; nous l'avons plongé dans l'eau pour localiser la fuite et nous avons pu y mettre une rustine.

Autant que possible, je voyage avec du matériel confortable pour moi, pour que mon voyage soit plus sûr et plus agréable. Mais comme tout ce matériel doit se porter, prévoir un déplacement d'une journée ou plus implique inévitablement de faire des choix entre ce dont je pense que je pourrais avoir besoin et ce qui m'est absolument indispensable. Et puis il faut se préparer à ce que le matériel se casse, ou qu'on l'oublie : je peux laisser tomber mon téléphone par terre, mon fauteuil peut s'écarter tout seul pendant que je descends de voiture... Même dans les bâtiments soi-disant adaptés, certaines rampes d'accès peuvent être trop inclinées ou trop étroites pour un fauteuil roulant, les toilettes pas assez larges et, surtout, les maux liés à ma lésion de la moelle épinière peuvent survenir à tout moment.

Nous pouvons voyager avec des outils permettant de réparer temporairement nos fauteuils. En ce qui me concerne, j'ai besoin d'air pour mon coussin gonflable et les pneus de mon fauteuil. Je prends toujours des médicaments et des produits d'hygiène dans différents bagages, au cas où l'un d'eux se perde.

Si je sais que je vais être la seule adulte de la maison, ou quand je voyage, j'essaie de penser à tout ce dont je pourrais avoir besoin. Et puis je m'assure que j'y accède facilement, surtout si je suis dans un endroit qui n'est pas aussi bien adapté que ma maison. Si je suis avec Thomas ou d'autres enfants, je fais en sorte de pouvoir faire suffisamment d'activités pour garder leur intérêt, éviter qu'ils s'ennuient et n'aillent dans des endroits auxquels je ne peux pas accéder. En dernier recours, je m'assure d'avoir à disposition une télévision ou un écran avec plusieurs applications faites pour les enfants. Une fois les lieux, les activités et les potentielles situations d'urgence passés en revue, je parle aux enfants qui sont avec moi.

Je leur rappelle qu'il y a certaines choses que les autres adultes qu'ils connaissent peuvent faire mais pas moi. Et je leur explique que ça signifie qu'il y a certaines choses qu'ils ne peuvent pas faire quand c'est moi qui suis responsable d'eux. Je les préviens que s'ils font certaines de ces choses et que je sens que c'est risqué, il faudra renoncer à toutes les choses amusantes que nous avions prévu de faire. Bien sûr, j'adapte tout ce discours en fonction de leur âge, de leur maturité et du degré de confiance que je peux avoir en eux. Mais je peux faire tout ça. Je peux sans risque être la seule adulte avec des enfants, je dois simplement préparer les choses différemment.

Que ce soit l'air des pneus du fauteuil roulant ou ce qui est en tout petit caractères sur des documents de voyage, tout prend plus d'importance quand on est une maman en fauteuil. En fauteuil roulant ou pas, on ne sait jamais ce que la vie nous réserve. Mais en fauteuil, on ne peut pas se baisser pour esquiver un coup ni se lever pour attraper ce que la vie nous lance. Il faut être vraiment prêt à ce qu'on espère ne pas voir se produire, mais qui peut survenir à tout instant.

Et j'aurai beau me préparer le mieux possible à l'inattendu, il se produira des choses. La vie est ainsi faite. Si je reconnais et si j'accepte que des choses arrivent de toute façon, je peux adopter un état d'esprit qui me permettra plus facilement de trouver des solutions. Parce que, pour nous les mamans en fauteuil, quand des ennuis surviennent, nous n'avons pas d'autre choix que de trouver une solution, même si elle n'est pas idéale. Nous devons simplement nous en débrouiller.

CHAPITRE 21

UN CHIEN DEVANT UN OS

A u Québec, la province canadienne où je vis, le régime d'assurance automobile en cas d'accident est "sans égards à la faute". Ce qui veut dire que quoi qui se soit passé, aucune des parties n'est considérée comme en tort et que toutes les parties ont droit à une assistance et à une rééducation pour les dommages corporels subis dans un accident de voiture. Donc tout ce dont j'avais besoin était en théorie couvert par mon assurance automobile. Mais en réalité, tout n'est pas totalement couvert. Le rôle des compagnies d'assurances est assez contradictoire parce que ce sont des organisations à but lucratif, avec des actionnaires. Et qu'elles ne lâchent pas si facilement leur argent.

Pour toucher l'aide de ma compagnie d'assurances, il m'a fallu prouver quels étaient mes besoins, et prouver qu'ils étaient dus à mon accident de voiture. Le premier gros obstacle rencontré à propos de mon assurance a concerné ma maison.

Les premiers jours du retour avaient été très durs. Chez nous, les chambres étaient à l'étage. Je dormais donc entre la salle à manger et le salon, tandis que mes parents et Thomas dormaient en haut. Avec ses deux ans, quand Thomas faisait des cauchemars, ma mère le descendait au rez-de-chaussée pour que je puisse le réconforter. Une fois calmé, elle le remontait à l'étage pour qu'il puisse se rendormir.

Rien n'était adapté pour que je puisse changer ses couches, lui donner le bain ou faire la cuisine pour toute la famille. Je ne pouvais même pas entrer dans ma maison seule parce que la porte était trop lourde. Je n'avais aucune intimité, ce qui me pesait beaucoup, en étant au rez-de-chaussée. Et il y avait tellement d'endroits dangereux pour Thomas qu'il fallait tout le temps la présence d'un adulte valide. J'avais envie d'autonomie et d'intimité, mais je me sentais coincée.

La compagnie d'assurances m'a déclaré que ma petite maison, à cause de son plan, n'était pas considérée comme adaptable, puisque les adaptations auraient coûté à peu près l'équivalent du prix de la maison. Elle m'a donc conseillé de déménager ailleurs.

J'ai de la chance d'avoir une mère toujours pleine d'initiative, qui comprenait ce dont j'avais besoin pour élever mon enfant. Elle s'est mise à chercher dans mon quartier une maison qui permettrait aussi à mes parents d'y vivre –un duplex, en gros, deux maisons en une. Un matin, elle m'a annoncé qu'elle avait trouvé l'endroit. À un pâté de maisons plus au sud, dans la même rue. Un duplex avec un grand jardin.

Au début, la compagnie d'assurance n'a pas voulu payer les adaptations à faire dans cette nouvelle maison. Selon son règlement interne, quand vous achetez une maison et que vous avez déjà des lésions à la moelle épinière, c'est à vous de faire en sorte que la maison que vous achetez est déjà accessible. En réalité, mes assureurs espéraient que je choisirais de vivre dans un immeuble d'appartements. Je leur ai fait remarquer que partir en appartement signifiait pour moi et mon fils l'abandon de la communauté dans laquelle nous vivions, et une perte de qualité de vie. J'avais choisi mon quartier parce qu'il convenait aux familles, avec beaucoup de parcs et une bonne desserte par les transports en commun. Avoir un grand jardin était également un bonus parce que ça permettait à Thomas de jouer dehors sans que j'aie à aller au parc, ce qui me demandait pas mal d'efforts musculaires.

J'étais comme un chien qui a trouvé son os. Je voulais et j'avais besoin d'une maison avec jardin, qui permettait également à mes parents d'être tout près sans l'être trop. Et j'avais besoin que la compagnie d'assurances paye pour les aménagements nécessaires. Après quelques courriers envoyés par mon avocat, ils ont accepté de prendre en charge les travaux d'aménagement de la nouvelle maison. Une fois les travaux officiellement approuvés, on m'a annoncé que ceux-ci pourraient prendre jusqu'à cinq ans.

Cinq ans ! Vous avez bien lu.

Cette attente ne m'allait pas du tout. J'étais furieuse. Je ne pouvais pas, je ne voulais pas attendre cinq ans pour m'occuper de mon fils, et je ne pouvais pas rembourser deux emprunts immobiliers à la fois, le temps que mes assureurs déterminent quels étaient les travaux nécessaires.

Alors j'ai recommencé à discuter avec eux. J'étais encore en rééducation, je recommençais peu à peu à travailler, et j'essayais de m'adapter à ma nouvelle vie, à mon nouvel état. Je faisais encore régulièrement des infections urinaires, ce qui affectait mon état mental. Tous ces combats m'épuisaient. Je voulais simplement pouvoir mettre mon fils au lit tant qu'il était encore assez petit pour aimer que je lui raconte des histoires et que je le borde.

J'ai été assez agressive envers l'architecte (qui avait été embauché par la compagnie d'assurances automobile) parce que je sentais qu'il ralentissait le processus, et me rappelait sans cesse qu'un projet de cette ampleur pouvait prendre jusqu'à cinq ans. À chaque fois qu'il me parlait des "délais habituels", je faisais une crise de larmes, ensuite. Comment pouvais-je élever mon enfant dans ces conditions ? Comment le materner seule si on ne m'en donnait pas la possibilité ? Je ne pouvais élever mon propre fils que si mon environnement me le permettait. C'était incroyablement frustrant, et j'y ai laissé énormément d'énergie.

Les aménagements de la maison en duplex ont fini par être terminés. Et s'ils n'ont pas pris cinq ans, les dix-huit mois qu'ils ont duré m'ont quand même paru une éternité. Thomas avait deux ans au début des travaux, et il y a une grande différence entre un bambin de deux ans et un petit garçon de presque quatre ans.

J'aurais voulu que ça se passe autrement. Qu'on respecte mon droit à être parent et à élever ma famille comme je l'entends, qu'on respecte le droit de Thomas à être élevé par sa mère dans un environnement le plus propice possible à son développement.

J'ai été très reconnaissante à mes parents de leur sacrifice – ils ont déménagé pour moi. J'ai pu ainsi oublier une partie des mes batailles et me tourner vers un nouveau défi.

SI JE RECONNAIS que personne ne conçoit intentionnellement une école pour compliquer la vie d'une maman en fauteuil roulant, en fin de compte, le résultat est le même pour quelqu'un comme moi. Et pourtant, c'est bien le sujet lorsqu'on parle d'accueil, d'ajustement, d'englobement et d'inclusion de tous : les institutions et les lieux de pouvoir doivent pouvoir s'adapter à ceux qu'ils sont censés servir, c'est-à-dire tout le monde. Ils appartiennent à tous. J'avais terriblement envie de pouvoir amener Thomas à l'école, mais la montée jusqu'à l'école était trop abrupte pour que je puisse y aller en fauteuil avec lui, son sac et sa boîte de déjeuner. J'aurais pu y aller en voiture, mais c'était interdit. Une règle précise que les voitures ne peuvent pas emprunter la rue de l'école aux heures scolaires. Je le comprends. C'est pour protéger les enfants. Mais les résidents de cette rue ou les livreurs sont autorisés à l'emprunter. Ne pouvait-on pas m'ajouter, vu les circonstances, à la liste des personnes autorisées ?

Apparemment, non.

J'ai appelé la municipalité, le commissariat et même le Commissaire aux plaintes, et je me suis battue pendant trois ans pour obtenir la permission de prendre cette rue en voiture. J'ai même expliqué qu'il était plus dangereux pour moi de sortir de ma voiture dans la rue adjacente, plus fréquentée, tout en surveillant mon enfant.

On m'a répondu que si on m'accordait cette permission, il fallait l'accorder à tous les parents. J'ai évoqué un compromis raisonnable mais on m'a dit qu'on n'en voyait pas l'utilité, parce que je pouvais toujours demander à d'autres parents d'accompagner mon fils à pied à l'école – en gros, je devais attendre dans la rue et demander à d'autres parents d'accompagner mon fils en haut de la colline jusqu'à l'école.

Contre l'entêtement et l'idiotie, je n'étais pas de taille. J'étais en colère tout le temps. Énervée. À cran. Et j'ai dû lâcher prise. En trois ans, Thomas a grandi et nous avons changé son moyen d'aller à l'école. Je n'en pouvais plus de perdre du temps à tout expliquer, encore et encore, à des gens qui ne voulaient tout simplement rien entendre.

Si je m'adressais aujourd'hui à celle que j'étais alors, je me dirais : "Marjorie, pèse bien le pour et le contre dans cette histoire. Lâche l'affaire plus tôt. Tu peux remplir ton rôle de parent sans le déposer à l'école. Tu n'as pas besoin de ça pour être une bonne mère. Ne t'enferre pas dans ce combat pendant trois ans parce que, l'un dans l'autre, cette énergie peut te servir à autre chose. Sache que tu fais ça parce que tu as perdu une bonne partie de tes attributions, mais il te racontera sa journée quand il rentrera à la maison. Tu peux inventer un rituel de sortie de l'école qui soit différent."

Mais c'était aussi parce que, quelque part au fond de moi, je ne pouvais pas, je ne voulais pas accepter qu'il y ait différentes catégories de citoyens. Dans mon esprit, il était anticonstitutionnel que moi, mère célibataire en fauteuil, je ne puisse pas accéder à l'école de mon fils d'une manière adaptée à ma condition physique. Je le pense encore aujourd'hui.

J'ai commencé à me demander si toutes les batailles se ressemblaient, si elles étaient toutes une pente à gravir.

Ma mère, Thomas et moi avions décidé d'aller à Québec (la ville) en voiture pour le week-end. Nous voulions passer voir des amis qui s'y étaient installés et nous avions prévu une journée entière pour visiter la vieille ville. Entre cette visite et le dîner au restaurant, nous sommes arrivés à notre hôtel à près de vingt-deux heures. Fatigués d'avoir marché et roulé, nous avons pris la clé de notre chambre et avons entamé un long parcours d'obstacles. La moquette trop épaisse rendait difficile mes déplacements en fauteuil. La porte de la chambre ne s'ouvrait pas toute seule et était incroyablement lourde. Il y avait un petit placard sous le lavabo qui m'empêchait de glisser les genoux dessous et le lavabo était trop haut, tout comme les toilettes, bien trop hautes par rapport à mon fauteuil. Les lits étaient trop serrés et trop hauts pour que je puisse m'y installer convenablement. Thomas et ma mère ont dû s'employer à me soulever pendant que j'essayais de déplacer mes fesses sur le lit. J'ai essayé de ne pas pleurer devant mon fils mais ce soir-là, je me suis sentie indésirable, abattue.

Le lendemain, quand nous sommes arrivés dans la salle du petit déjeuner, Thomas à demandé à parler à la direction de l'hôtel. Abasourdie de l'entendre, lui si réservé d'habitude, demander à parler à une personne qu'il ne connaissait pas, je lui ai demandé pourquoi. Il m'a répondu que ce qui s'était passé la nuit précédente était injuste et qu'il voulait le signaler à quelqu'un. Mon fils, cet enfant timide qui préfère rester dans son coin plutôt que de parler à un inconnu, voulait dire franchement ce qu'il pensait.

Je suis allée à la réception et j'ai demandé à voir la gérante. Quand celle-ci est arrivée et qu'elle m'a demandé ce que je voulais, elle a été stupéfaite quand je lui ai désigné le petit garçon à mes côtés.

Il a été très éloquent ce matin-là, a expliqué en détail tout ce qui n'était pas accessible, et pourquoi ils avaient tort de prétendre que leur hôtel était accessible aux personnes en fauteuil. Elle n'a pu qu'écouter sans rien répondre. Je ne sais pas si ça a changé quoi ce soit au fonctionnement de l'hôtel par la suite. Mais Thomas s'est exprimé haut et fort, comme jamais il ne l'avait fait. J'en ai été très fière.

Ce jour-là à l'hôtel de Québec, Thomas a défendu toutes les personnes ayant un handicap, pas seulement moi, en disant à la gérante qu'annoncer qu'une chambre est accessible sans tenir cette promesse affecte tout le monde. Ça empêche les gens de faire les choses par eux-mêmes, et ça affecte tout autant ceux qui peuvent s'en débrouiller en ne remettant pas en question leur privilège.

Avec le temps, Thomas a été témoin des combats que j'ai choisis. Et quand je dis "choisis", je parle de ceux auxquels j'ai pris part comme de ceux auxquels j'ai renoncé.

Ça lui a donné le sens de la justice sociale. Je me rappelle lui avoir parlé de privilège et de ce que ça signifiait alors qu'il avait cinq ans. Un certain président américain venait d'être élu. Je voulais que Thomas comprenne que pour nous, les choses étaient bien différentes. Je voulais lui montrer qu'en étant blanc, blond aux yeux bleus et de genre masculin, son parcours dans la vie était plus facile que pour beaucoup d'autres parce qu'il avait peu de chances d'avoir à porter le fardeau de la discrimination. Je voulais qu'il comprenne que les gens le perçoivent différemment à cause de ses caractéristiques physiques.

Il existe des batailles autour du langage. L'une consiste à mettre la personne en premier, avant de décrire sa condition, pour qu'elle ne soit pas définie par celle-ci. Une autre a trait au vocabulaire : handicapé, invalide, et bien d'autres mots dont on usait avant qui sont bien plus injurieux et moins progressistes encore. Pourtant, tout comme votre vieil oncle qui utilise encore le langage de son temps, certains mots restent. C'est à la partie la plus jeune de notre population de servir d'exemple pour déterminer ce qui est aujourd'hui accepté ou ce qui fait encore défaut.

Nous pouvons utiliser toutes sortes de termes, selon la

tendance du moment, mais c'est la façon dont nous interagissons avec les gens qui fait que notre vocabulaire respecte leur dignité. C'est la façon dont nous incluons ces personnes dans la conversation, et la façon dont nous rendons notre environnement commun accessible à tous. Dignité, respect, compréhension, légitimité et absence de jugement sont trop souvent absents de notre monde. Et pourtant certains mots semblent avoir plus d'importance que d'autres.

Il y a des personnes en situation de handicap qui veulent qu'on les appelle handicapés. D'autres le refusent. Dans mon cas, mon handicap fait partie de mon identité mais n'en constitue pas la totalité. Je suis plus que mon handicap. C'est pourquoi je proteste quand quelqu'un dit que je suis une handicapée.

J'ai des limitations, oui. Il y a des choses que je ne peux plus faire. Pourtant, avec les aides appropriées et dans un environnement qui convient, je peux en faire beaucoup. Mon handicap m'appartient, mais ma condition d'handicapée nous appartient à tous, c'est la société qui me l'a attribuée parce que la société n'est pas entièrement accessible. Ma normalité, mon adaptabilité sont arbitraires. Pour citer une de mes étudiantes en master : "elles sont relatives et spécifiques au contexte restreint dans lesquelles elles se produisent."

Dans ma maison, je fais tout moi-même. Dans d'autres endroits, moins. Il nous faut donc, collectivement, nous concentrer sur la fonctionnalité de la personne plutôt que de la qualifier avec des mots qui ne représentent pas ce que cette personne peut faire, ni qui elle est, ni ce qu'elle peut apporter à la société.

CHAPITRE 22

ADAPTE-UN-PARENT

En 2016, quatre après mon accident, j'ai eu l'occasion de parler au *Social Work Department* de l'université de Sydney. On m'a demandé d'y prononcer un discours, que j'ai d'abord intitulé *Être parent avec un handicap : du dehors au dedans*. Bien sûr, c'était une référence au fait que, en tant qu'universitaire, j'avais étudié la parentalité avec un handicap d'un point de vue extérieur et que maintenant, parent avec un handicap moi-même, ma perspective était différente. Quelle belle occasion de réfléchir à ce passage, de ce que je connaissais avant *intellectuellement* à ce que je connais *d'expérience* depuis mon accident.

En préparant ma conférence et en réfléchissant à ce que signifiait l'expression être "parent avec un handicap", j'ai compris qu'il fallait que j'en change le titre. J'ai préféré l'appeler *Parentalité avec adaptation*, parce qu'en l'appelant ainsi, nous partons du principe que la personne concernée est un *bon parent*. Et que ça aide aussi tout le monde à s'intéresser non pas au handicap mais aux solutions et aux idées pour soutenir ce parent, en présumant de sa bonne parentalité.

Ce terme de parentalité avec adaptation pourrait nous aider à nous recentrer sur l'idée que nous pouvons tous aider des parents comme moi à agir, à être proactifs et à réussir, nous empêchant ainsi, pensais-je, de nous focaliser sur ce que moi ou des parents dans mon cas ne pouvons pas faire.

Le terme de parentalité avec adaptation pourrait vraiment s'appliquer à tous, car tous les parents ont besoin de soutien, de répit, d'avis, de conseils, et de toutes sortes d'outils et d'équipement. Certaines adaptations sont très courantes (des barrières ou des parcs pour bébé), d'autres moins (des berceaux adaptés, par exemple).

Voilà ce que je voulais porter dans ce discours : la parentalité est la même pour tous, même si celle des mamans en fauteuil comme moi peut sembler un peu différente.

DE TOUS LES CRÉATEURS, de tous les novateurs du monde – sculpteurs, architectes, peintres, musiciens ou poètes –, les plus créatifs et les plus inventifs sont les parents.

Parents, il nous faut relever toutes sortes de défis, parce que nos enfants sont dépendants de nous. Nous n'avons pas d'autre choix que d'être pleins de ressources, de penser vite, de calmer le jeu et de produire magiquement quelque chose en partant de rien. Nous inventons des choses – certaines frisant le ridicule et qu'on se jure de ne plus jamais rééditer, d'autres frisant le génie et qui pourraient nous faire gagner des millions de dollars si on les commercialisait.

C'est ce que nous faisons. Il ne s'agit pas toujours de trouver la solution parfaite mais d'en trouver une qui fonctionne.

Toujours chercher une solution, c'est un état d'esprit qui m'a aidée à résoudre des situations telles que comment prendre une douche dans une maison qui n'est pas adaptée, ou comment se retourner dans un lit sans rambarde (à l'hôtel, par exemple). Ou même comment acheter et rapporter les livres scolaires de Thomas sans avoir à les porter. Et la plus importante, celle que toutes les mamans affrontent : comment faire face au comportement de nos enfants.

La première fois que je suis rentrée chez moi et que j'ai dû donner le bain à Thomas, sans aide, je me suis trouvée devant l'exemple type d'une telle situation : il faut résoudre un problème et trouver une solution.

Quand je l'ai déshabillé, il m'a échappé et à commencé à se balader partout dans la maison, tout nu. Pour lui, c'était un jeu. J'ai essayé d'user de mon autorité parentale. Avec un succès très limité. Thomas, hilare, a sauté sur son lit, puis a couru dans la cuisine et s'est caché sous la table – endroit où il avait déjà compris que je ne pouvais pas l'atteindre. Il était là, roulé en boule, à se moquer de moi. Physiquement, j'étais impuissante. Je ne pouvais pas tendre le bras pour l'attraper et le faire sortir de là. Il le savait pertinemment.

J'ai essayé d'être inventive, et écarté l'idée d'une récompense ; c'eût été comme de faire sortir un animal de sa cachette grâce à un appât, et c'était un pli que je ne voulais pas prendre. Alors comment le persuader de sortir de son trou ? J'ai trouvé ! J'allais le convaincre qu'il y avait autre chose de plus amusant à faire et que je m'amusais plus que lui. J'ai attrapé un tube à faire des bulles, trempé l'anneau de plastique dans l'eau savonneuse et j'ai commencé à faire des bulles en m'écartant de la table de la cuisine.

"C'est vraiment amusant, ai-je dit sans le regarder. J'aime bien l'heure du bain parce que je peux faire des bulles, et les crever. Oh, je peux même les attraper !"

Plus je jouais en faisant semblant d'ignorer Thomas, tout nu sous la table, plus il était intrigué. Plus il se rapprochait du bord de la table, plus je reculais. Je suis allée, toujours en m'exclamant de joie et en faisant des bulles, jusqu'à la salle de bain. Curieux, Thomas, enchanté par le jeu des bulles et qui avait trop envie d'en faire, lui aussi, a oublié à quel point c'était drôle de se cacher sous la table de la cuisine. Il n'a pas fallu longtemps pour qu'il grimpe de lui-même dans la baignoire, où je lui ai tendu le tube à bulles pour qu'il puisse en faire lui-même.

Quand nous inventons des solutions sans recourir à la force physique, sans acheter le comportement de nos enfants par une contrepartie quelconque et sans nous agacer, nous grandissons à leurs yeux. Ils oublient que c'est maman qui a trouvé la solution et s'approprient l'idée. Ça n'a pas de prix. Ces solutions inventives demandent souvent de sortir des sentiers battus mais elles diminuent presque toujours le stress, sans avoir de retombées négatives. Beaucoup de ces solutions finissent par être réemployées, non seulement comme stratégies de secours, mais comme dans le cas des bulles, comme stratégies de prévention.

Pendant les six mois que j'ai passés à l'hôpital et en rééducation et que Thomas était à la garde de mes parents, j'ai cherché le lien entre ce qui avait été et ce qui allait advenir. J'avais été une mère célibataire assumée qui travaillait à plein temps, qui dispensait deux enseignements tout en trouvant le temps d'une vie sociale et amicale très pleine. La super-maman complète. Et après des heures de rééducation physique pénible, mon corps se reposait mais mon esprit bourdonnait. Qu'est-ce qui m'attendait ? Allais-je réussir à me débrouiller de tout ? Je trouvais la solution à une difficulté et deux autres surgissaient à ma conscience. Certains jours, je redoutais que le puits de mon inventivité ne se tarisse.

Il m'a fallu trouver des solutions originales à des situations qui me touchaient au cœur. Comme Thomas qui ne cessait d'appeler ma mère "maman" alors que j'étais là. Elle le corrigeait, et en moi-même, je me ratatinais. Oui, elle était tout pour lui à ce moment-là, elle était son soutien mais j'étais sa maman, et elle était sa mamie. Mon père était papi. C'était plus que des noms et plus que des rôles, à mes yeux ; pour moi, mamie et papi étaient les mots-mêmes qui me permettaient à moi d'être "maman".

À chaque fois que Thomas choisissait de dire ou de demander quelque chose à mes parents d'abord plutôt qu'à moi, j'avais malgré moi le cœur qui se serrait. *Pourquoi avoir survécu à cet acci-*

dent de voiture si je n'étais pas reconnue comme la maman ? Je ne
pouvais m'empêcher de me poser cette question, parfois. Et
remontaient comme des bulles, parfois, des sentiments de tristesse, de colère – alors que personne n'était coupable – et de frustration qui me dévoraient. Parfois je réagissais en me montrant
sèche, je coupais ma mère, je l'empêchais de répondre, brutale-
ment, et je rappelais à tout le monde que c'était moi, la mère de
Thomas.

Les trois adultes que nous étions avons décidé qu'il fallait
trouver une solution, un moyen de régler ça ensemble pour éviter
les conflits. Nous avons imaginé un plan qui rendrait plus difficile
à Thomas d'obtenir quelque chose s'il le demandait à sa mamie en
présence de sa maman, en espérant qu'il prendrait ainsi le pli de se
tourner d'abord vers moi.

Par exemple, s'il demandait à sa mamie une pomme, elle lui
répondait quelque chose comme : "Hmm, Thomas veut une
pomme. J'aimerais bien lui en donner une mais je crois qu'il y a
quelqu'un dans cette maison qui peut lui donner l'autorisation de
manger cette pomme. Qui ça peut-il bien être ? Oh, c'est ça, c'est
maman !" Puis en se tournant vers lui, elle ajoutait : "Thomas,
maman est dans la pièce, donc mamie va lui demander si je peux te
donner une pomme." Et, à moi : "Maman, Thomas m'a demandé
une pomme. Qu'en penses-tu ? Je lui en donne une ? Tu m'y
autorises ?" À quoi je répondais : "C'est intéressant que Thomas
te demande une pomme, mamie, parce que je suis là et qu'il aurait
pu me le demander directement. Mais d'accord, je vais te
répondre. Je pense que Thomas peut avoir une pomme parce que
c'est bon pour lui et que le dîner est encore loin." Ma mère se
tournait alors vers Thomas et lui répétait ma réponse. En entier.
Bien évidemment, pendant toute la scène, Thomas restait là à
attendre, impatient.

Il a fallu moins de deux semaines pour inverser la tendance.
Deux semaines pour que mon cœur "guérisse" et que mes parents
se sentent eux aussi plus en paix.

Quand nous sommes inventifs avec ceux qui nous

soutiennent, les coparents, l'équipe parentale, ceux qui nous aident temporairement, nous donnons plus de force à nos enfants et rendons à la famille paix et équilibre.

J'ÉTAIS AIDÉE par des professionnels qui m'aidaient à trouver des solutions au niveau de mon environnement et de mon organisation. Nous avons trouvé le moyen que je puisse changer des couches (youpi et beurk à la fois). J'ai appris à cuisiner sans risque pour pouvoir faire à manger à Thomas. Nous avons essayé des technologies pour que je puisse pousser moi-même sa poussette.

À chaque exercice visant à trouver une de ces solutions, l'équipe commençait par me demander de définir quelles étaient les actions spécifiques qui comptaient le plus pour moi en tant que mère, qui faisaient partie de ma conception même de la parentalité. Partant de là, nous mettions en place un plan pour y parvenir. Ils travaillaient avec moi soit à réajuster mes attentes, soit à identifier la manière dont je pouvais gagner en force physique ou en équilibre grâce à la physiothérapie, soit à évaluer les ajustements à faire dans mon environnement comme en ergothérapie. Personne ne m'a jamais dit : "non, vous ne pourrez pas faire ça", avant que nous n'en ayons discuté ensemble et fait un essai.

J'ai parfois dû changer d'idée. Par exemple, pousser Thomas dans sa poussette me paraissait important, au début. Mais au fur et à mesure qu'il grandissait et prenait du poids, mes choix ont évolué. Les muscles de mes épaules me permettaient soit de pousser Thomas dans sa poussette, soit d'aller au parc avec lui, soit de l'accompagner pour ses activités de week-end, mais pas de faire les trois. J'ai pu aller en fauteuil avec lui au parc grâce à une batterie que je pouvais ajouter à mon fauteuil "manuel". Une sorte d'assistance électrique. Ces solutions ont vu le jour et ont été adaptées à mesure que mes attentes, mes besoins et ceux de Thomas évoluaient. Mes valeurs sont restées identiques mais c'est la définition ou la pesanteur de certaines actions particulières qui ont changé en cours de route.

EN NOUS VOYANT DEMEURER RÉSOLUS à trouver des solutions quand les choses devenaient difficiles, Thomas a pris conscience que lui aussi pouvait travailler à trouver une issue quand une situation lui déplaisait. Par exemple, les jours où j'avais besoin de rester au lit plus longtemps, Thomas a appris qu'il pouvait apporter des jouets sur mon lit. L'avoir, lui avec tout un tas de jouets tels que son Monsieur Patate, ses livres de coloriage et ses crayons, sa dînette et même sa petite tente sur mon lit, me permettait en réalité de souffler, même si je manquais d'espace ou de calme.

À quatre ans à peine, Thomas m'a demandé ce qu'il pouvait faire pour adapter mon environnement. Nostalgique, je lui ai répondu qu'il pouvait peut-être construire quelque chose pour que mon cerveau puisse parler à mes jambes, et *vice versa*.

Après une longue réflexion, il a déclaré : "Bon, on va prendre deux bouts de bois qu'on va coller ensemble et qu'on va peindre. Et puis on va faire un trou et on va mettre des fils électriques. On va appeler le chirurgien qui a réparé ton dos et on va lui demander de le rouvrir pour pouvoir mettre ma machine à l'intérieur. Mais avant de mettre la machine, il faut attendre que la peinture soit sèche. C'est très important. Et après, on fera des exercices et du sport pour tes jambes, pour te refaire des muscles. Et voilà !"

Il a même trouvé une solution pour que mon ami Claude, qui est tétraplégique, puisse couper lui même sa nourriture. Thomas a imaginé un autre morceau de bois dans lequel on pouvait insérer un couteau bien aiguisé, ce qui ferait avancer le couteau, qui couperait ainsi tout ce qui était devant Claude. Dès son plus jeune âge, il était clair que mon fils avait développé une tournure d'esprit où il ne voit pas les problèmes, mais les solutions.

ALLER DE L'AVANT, PARENT AVEC DES ADAPTATIONS

Thomas m'a souvent vue trouver le moyen de participer à des activités "normales" grâce à quelques ajustements. Il m'a vue en rééducation et a appris que, en adaptant les choses, la société devient plus inclusive et que des gens comme moi, ou mes amis, pouvons devenir plus autonomes. Il pourrait y avoir un siège spécial à la piscine pour que des gens dans la même situation que moi puissent descendre dans l'eau. Sinon, comme Thomas m'a vu faire, nous trouvons le moyen de nous adapter et d'entrer dans l'eau pour ses leçons de natation. Oui, j'ai dû me mettre par terre pendant que tout le monde avait les yeux rivés sur moi. J'étais comme une rock star dans un spectacle de la tournée à guichets fermés de Thomas. Il m'a donné l'impression d'être une vraie vedette en criant fièrement : "Bravo maman !" Visiblement, il se moquait qu'on nous observe. Il était simplement fier de sa mère qui entrait dans l'eau de la piscine avec lui.

Thomas en a aussi vu le résultat quand nous avons trouvé un siège spécial qui me permet d'entrer dans l'eau : *l'Hippocampe*. Selon le but de notre voyage, nous décidons de l'emporter ou pas. Et il a aussi vu que parfois, ces ajustements sont suggérés par d'autres. Comme à notre dernier voyage quand un de mes cousins, qui se trouve être maître nageur-sauveteur, m'a proposé de m'emmener me baigner dans l'océan si je le souhaitais. Quatre hommes costauds m'ont portée, dans mon fauteuil, sur les petits galets de la plage, aussi près de l'eau que possible. Puis deux d'entre eux m'ont portée jusqu'à l'eau, sous la surveillance de mon cousin. Tout le monde nous observait : nous avions été inventifs et trouvé une solution.

Si nous réfléchissons à ce qu'être parent avec des adaptations signifie pour nous, en tant qu'individus, dans nos maisons, dans la vie que nous menons avec nos enfants, dans nos cadres familiaux, nous pouvons vraiment commencer à comprendre la valeur de l'inventivité et le rôle qu'elle joue dans notre existence. Ceux qui

nous ont précédés ont innové, ceux qui viendront après nous – y
compris nos enfants – innoveront. Nous sommes aujourd'hui des
inventeurs, des découvreurs de solutions, des concepteurs de
prototypes, tout à la fois. Nous sommes les catalyseurs des révolu-
tionnaires de demain. En tant que mères, c'est ce que nous serons
toujours.

Chapitre 23

Des mimosas au Fragoli

Je peux tout affronter. Je peux sortir d'un puits en grognant sous l'effort si j'y mets toute ma volonté. Je peux tout endurer de cette période de rééducation pour retrouver mon fils. Je peux faire tout ça parce que j'ai appris à savourer chaque moment que la vie m'offre.

L'impuissance acquise est un concept que j'ai exploré à l'université, dans ma formation de psychologue. C'est le processus par lequel nous passons et qui nous conduit à renoncer. Il m'avait intrigué, à l'époque.

Après mon accident, cette impuissance acquise m'a laissé un goût amer. Le goût amer et métallique de la déception et de la frustration. J'avais, et je combattais, des pensées dont je savais qu'elles me menaient à l'*impuissance acquise*. C'était devenu un combat quasi quotidien.

Il me fallait *attendre* très souvent que quelqu'un d'autre fasse les choses que je ne pouvais plus faire. Je devais accepter que ce que je demandais qu'on fasse soit fait différemment de la façon dont moi je l'aurais fait. Et je voulais *voir* comment les autres faisaient. Parfois, j'étais au bord du renoncement parce que je ne pouvais pas vivre en étant en permanence aussi frustrée.

Très souvent en rééducation, j'ai dû attendre l'un ou l'autre de mes thérapeutes. Je me sentais alors prise dans la solitude de ma nouvelle vie, loin de mon fils, de mes amis, de mes collègues, à faire chaque jour toutes ces choses étranges.

Et pourtant, au lieu de me complaire dans ces pensées sombres qui me venaient chaque matin et chaque soir, je trouvais un petit endroit où caser mon fauteuil et j'observais.

J'observais et je respirais. Je commençais par me concentrer sur ce que je voulais voir, c'est-à-dire le beau qui m'entourait. Je ne voulais pas voir la laideur, j'en était saturée. Alors je prêtais attention : à une fille qui aidait sa mère, à la physiothérapeute qui soutenait délicatement les jambes de son patient tout en lui demandant de se transférer d'un siège à l'autre comme elle le lui avait appris. Je regardais les rayons de soleil qui filtraient par les fenêtres. J'écoutais les oiseaux gazouiller dans les arbres.

C'étaient mes moments de paix, et tout se calmait. Ce petit glissement de mon imagination m'aidait à me ménager ma petite place au paradis.

Jusqu'à ce que mon physio me signale qu'il fallait s'y mettre. Qu'il était l'heure de grogner et de soulever des poids. De souffrir et de transpirer. Et parce que je venais de passer un peu de temps à voir le beau, je comprenais que j'avais de la chance de pouvoir faire ces exercices. Je m'émerveillais de ces sensations à l'intérieur, de la brûlure de chaque muscle, ceux du dos ou les petits pectoraux qui sont rattachés sous mes aisselles, par exemple, et je m'étonnais de ne pas les avoir senti travailler avant.

Pourtant parfois, j'abandonnais. Je m'arrêtais et je jouais à *Angry Birds*. Pour oublier la frustration, pendant que j'apprenais à attendre. J'apprenais à attendre que les autres fassent les choses sans se tromper ou j'attendais de mieux supporter le fait qu'ils faisaient les choses à ma place.

Et j'ai appris que faire les choses sans se tromper n'est pas ce qu'il y a de plus important. Qu'au lieu de ça, l'important était de faire, d'essayer, d'apprendre, d'être gentil les uns envers les autres, d'accepter que l'aide des autres était faite d'amour. La vraie leçon était là.

J'ai appris des moyens de me sentir zen, en méditant et en prenant conscience de la beauté qui m'entourait. J'ai appris la force que donnait l'ancrage dans le moment présent. Et j'ai appris que tout le reste pouvait attendre.

Pour éviter ce sentiment d'impuissance qui m'anéantissait, j'ai dû apprendre à *renoncer à la colère et à la frustration*.

IL FAISAIT noir et froid dehors, l'hiver montréalais s'était avancé, silencieux et lugubre. Je me tenais dans une petite salle d'un vieil hôpital, fixant ma cousine Sylvia d'un air incrédule.

Elle avait reçu de terribles nouvelles. La première, c'est qu'elle avait un cancer inflammatoire du sein. La seconde, qu'on ne lui donnait que six semaines à vivre.

J'étais là, immobile, incapable de comprendre comment une chose pareille pouvait lui arriver à elle, si positive, si énergique, en tout cas jusque récemment. Une mère aimante qui aimait sauter dans les flaques avec ses enfants, sans se soucier qu'ils rentrent tous trempés à la maison, de l'eau plein les bottes !

Ma meilleure amie.

La personne à qui je parlais le plus.

Celle qui me connaissait par cœur. Et je connaissais par cœur.

Elle aurait pu pleurer, hurler et sa réaction aurait été bien compréhensible. Au lieu de ça, elle a établi une stratégie. Elle a déclaré à son équipe d'oncologues qu'il lui fallait huit semaines au lieu de six. Parce que l'anniversaire de son fils tombait six semaines plus tard et qu'elle se devait d'y être. Elle ferait tout ce qu'ils lui demanderaient, pourvu qu'elle puisse être encore assez forte pour être chez elle à Noël.

Ses médecins lui ont proposé un programme. Ils lui ont aussi annoncé qu'il serait dur. Et ils ne mentaient pas.

La chimiothérapie redouble de coups bas, elle frappe là où ça fait le plus mal. Encore, et encore, et encore. Mais le jour de Noël, Sylvia était chez elle avec ses enfants, qui ouvraient les quelques cadeaux qu'elle avait eu le temps et l'énergie d'emballer. Le lende-main, elle repartait pour une nouvelle séance de chimiothérapie.

Elle gardait les yeux fixés sur sa récompense : pouvoir passer plus de temps avec ses enfants.

Et puis Sylvia a demandé aux médecins six semaines de plus – elle ne pouvait pas manquer la naissance de son premier neveu. Quand il est né, elle a demandé six semaines supplémentaires... pour arriver au sixième anniversaire de sa fille !

Elle échangeait la chimiothérapie contre plus de temps et de souvenirs, le poison était le prix à payer pour vivre encore un peu plus longtemps.

Par paliers de six semaines, Sylvia a vécu jusqu'à la naissance de Thomas. Quatre ans plus tard !

Son dernier objectif.

Et quand j'ai vu la mort en face dans ce terrible accident de voiture, quatorze mois après, Sylvia était là avec moi. Quand j'ai été tout près de renoncer et de mourir, elle m'en a empêché. Pendant toutes ces années où je l'avais accompagnée, elle m'avait montrer comment vivre. Ses leçons sont devenues un modèle pour ma guérison.

L'être humain est programmé pour lutter. Et ma cousine m'avait indéniablement montré la voie. Pourtant, sa vraie force, celle qui nous a permis à toutes les deux d'avancer, avait quelque chose de bien plus magique.

Sylvia savait comment savourer les moments qu'elle vivait, faisait de chaque objectif atteint une fête.

Que ma vie soit longue ou brève, quels que soient les défis que je relève, je peux choisir de savourer chaque instant. C'est un choix qui nourrit l'espoir que je vivrai d'autres beaux moments.

Voilà ce que ma cousine m'a enseigné.

Quand le soleil réchauffe mon visage, quand je tiens mon fils dans mes bras, je choisis de savourer chacun de ces moments. Et je pense à Sylvia.

SAVOURER chaque instant n'est pas tant une action, une case à cocher sur une liste de choses à faire qu'un arrêt à faire entre deux instants, une pause à prendre entre deux inspirations. C'est le soupir qu'on pousse quand nos sens se mélangent et que nous goûtons les prés et les fleurs sauvages, que nous entendons la douceur du velours contre notre joue, que nous touchons la pointe d'acidité de la prune pas tout à fait mûre, que nous buvons les couleurs d'un projet mené à bien, que nous voyons la musique comme un chef d'œuvre pictural.

Rien n'est totalement négatif. Dans le noir de la nuit, nous pouvons voir les étoiles. Les jours où il fait très chaud, nous arrivons à trouver de l'ombre. Dans les pleurs de colère de notre enfant, nous retrouvons ce bébé si précieux, et dans nos mains abîmées et pleines de cicatrices – d'avoir roulé en fauteuil, d'être allés de l'avant – il y a une grande force.

Pendant mes soins et ma rééducation, j'ai travaillé à reconnaître ces petites choses qui sont les plus importantes de la vie. À savoir identifier ces moments dont ma vie est pleine, à faire une pause quand certains d'entre eux se produisent, ou juste après qu'ils se soient produits. Des instants petits mais pleins de force, qu'il faut savourer. Pour résumer, ce sont les choses en apparence simples qui me stupéfient, qui m'emplissent le cœur.

Une lutte corps-à-corps pour jouer, un fou rire avec mon fils, regarder des films avec mes neveux et nièces, prendre une douche et me laver les cheveux moi-même, voir de bons amis s'adapter à mon état, avoir un peu de temps seule, partir en vacances en famille, écrire, savourer un verre de champagne rosé ou un mimosa au Fragoli, un dîner de fête, un brunch, une journée de camping au grand air, rencontrer de nouveaux amis pleins d'empathie.

Toutes ces choses, et bien d'autres, sont écrits à l'encre indélébile sur mon cœur et, dans les petits moments de pause, je laisse cette vague chaude m'envelopper.

CHAPITRE 24

PARDONNER À MON PÈRE ET LUI DIRE AU REVOIR

Mon père a toujours voulu ce qu'il y avait de mieux pour moi, et il attendait la même chose en retour.

Il voulait que je sois musicienne. Alors j'ai appris à jouer du piano. Et parce que j'avais quelque talent et que je faisais toujours tout pour ne pas le décevoir, je travaillais au piano sans relâche, chaque jour, avec lui à mes côtés.

Il me demandait de faire courir mes doigts d'un bout à l'autre du clavier, encore et encore. J'apprenais de nouveaux morceaux, je les répétais. Je travaillais, je travaillais, et il me disait à quel moment j'avais fait une fausse note, là où j'avais marqué une hésitation, me faisait répéter des séquences jusqu'à ce que mes doigts puissent jouer sans que j'aie à y penser.

Ce dur labeur a payé quand j'ai été classée quatrième de la province du Québec. J'avais huit ans et j'ai joué ma pièce préférée : *The Mouse in the Attic*. J'ai joué comme si la petite souris elle-même était sur les touches, courant d'un bout à l'autre du clavier.

En me levant pour saluer après avoir joué, j'ai vu que mon père, dans le public, rayonnait. Il était fier de moi.

Ce sentiment m'a poussée à continuer de travailler dur pour atteindre ce que *lui* voulait pour moi. Jusqu'à ce que ses objectifs ne soient plus les miens, et que je lui annonce que je voulais arrêter le piano.

Je n'oublierai jamais l'air de tristesse et de déception infinies qu'il a pris. Un air que je ne voulais plus revoir de ma vie. Et c'est pourquoi j'ai continué à travailler pour que mon père soit fier de moi, pour accomplir ce qu'il voulait pour moi.

Mais après mon accident, c'est devenu impossible. Même avec la meilleure volonté du monde.

Le côté frustrant de la chose, c'est que cette fois-là, son but et le mien étaient identiques : nous voulions tous les deux que je puisse marcher à nouveau.

L'accident de voiture m'avait sectionné la moelle épinière et les lésions étaient permanentes. Je me raccrochais pourtant à un minuscule espoir. Je m'agrippais au souvenir de mes jambes soutenant le poids de mon corps. En rééducation, j'ai travaillé plus dur que tous les autres réunis. Sous l'effort, je grognais, je suais, j'étais échevelée, je m'épuisais tellement que j'en ai tiré une certaine réputation.

Et mon père était là. Tous les jours. Près de moi. C'était comme si nous étions revenus en arrière, assis au piano, à travailler et à travailler. Cette fois je faisais des tractions et des pompes au lieu de faire des gammes sur l'instrument préféré de mon père.

Mais j'ai eu beau faire tout mon possible, je n'ai pas pu réaliser son rêve. Je pensais : *Si seulement je pouvais remarcher, mon père n'aurait peut-être pas l'air si triste. Il ne paraîtrait pas si abattu.*

Et puis, d'un coup, j'ai compris.

Il était temps que je lui pardonne.

Il était celui à qui je voulais le plus faire plaisir au monde, à l'âge de huit ans comme à l'âge adulte. Et il m'exhortait sans relâche à travailler toujours plus dur à quelque chose qui m'était absolument impossible.

Il pouvait rester avec moi tant qu'il voulait pendant que je faisais ma rééducation, je ne remarcherais plus jamais.

J'ai compris que ce sont parfois les gens les plus proches de nous qui veulent que nous devenions quelqu'un ou quelque chose que nous ne sommes pas.

Pour mon propre équilibre, je devais trouver le moyen de lui pardonner. Je devais reconnaître que mon père était humain, donc imparfait, avec des défauts. Lui pardonner, c'était l'accepter tel qu'il était, tout comme je lui demandais de m'accepter telle que j'étais.

Mon père voulait le meilleur pour moi, ses rêves et ses espoirs venaient d'un amour sincère, incommensurable et incomparable pour moi.

Comprendre ses motivations, reconnaître ses limites m'ont aidée à me défaire de la colère et du ressentiment que j'avais envers lui. Cela m'a libérée et m'a permis d'aimer à nouveau mon père.

DANS SA CHAMBRE D'HÔPITAL, un beau bouquet de tulipes jaunes attirait l'attention. J'ai vu ces fleurs avant de voir mon père.

Il avait été bel homme. Charismatique, souvent au centre de l'attention, il aimait raconter des histoires, plaisanter, amuser, jouer de la musique et chanter devant des gens. Une guitare à la main, il était la première chose qu'on remarquait dans une pièce. Comme ces tulipes.

Je suis venue tous les jours passer du temps auprès de lui, sachant que c'était la fin. Et les tulipes se sont fanées, jour après jour, comme a décliné la santé de mon père.

Il est mort le 16 avril 2018. Les pétales des tulipes étaient tombés, un à un, et il ne restait plus que leurs tiges amollies.

Quand j'ai vu la mort en face, le 5 janvier 2012, ce n'est pas elle qui me faisait peur. C'était l'idée de dire adieu à ceux que j'aimais.

Tandis que famille et amis défilaient dans la chambre de mon père, alors que sa fin approchait, j'ai pu le voir sous un autre jour. J'ai appris à le connaître plus personnellement, plus intimement, tandis qu'il me montrait ce qui était le plus important pour lui, ce à quoi il tenait le plus, ce qui l'affectait et l'influençait le plus. Au seuil de la mort, les filtres n'existaient plus. Tout était sincère.

Je sentais que mon père cherchait à se remémorer les bons moments et les heures tristes. Il voulait partager son histoire. Il voulait que nous sachions tout pour que son esprit, son cœur, son âme puissent continuer à vivre. Autant que la naissance d'un enfant, une bonne mort doit être célébrée. Pas de la même manière, sans doute. Mais quand même. La mort doit faire partie d'un rituel de la vie plus apaisé. La vie et la mort devraient être célébrées ensemble.

Tandis que mon père approchait de sa fin, j'ai vu que la mort est un processus qui déclenche aussi une intense activité des neurones du cerveaux, une *superpuissance* qui nous permet de passer d'un souvenir à l'autre, d'une pensée à l'autre, et à une autre encore, en reliant personnes, lieux, joies, rires et peines. Ces feux d'artifice neuronaux sont des émotions associant moments, lieux et êtres chers.

En l'accompagnant dans sa mort, j'ai bien compris comment nous, humains, voyageons sur une route qui est propre à chacun de nous. Même si nous vivons avec d'autres, notre route est différente de la leur. Nos choix font qu'elles sont différentes. Quand nous sommes ensemble, ces routes peuvent être parallèles, mais jamais identiques ; quand nous sommes séparés, nos routes nous façonnent différemment. Et je peux donc assister à la mort de mon père, elle peut me façonner, me changer à jamais : ce n'est pas *ma* mort. Mais la sienne. Et la sienne uniquement.

Ma rencontre avec la mort, le 5 janvier 2012, a été brève parce que j'avais la volonté de vivre. Mais sais de quelle manière elle m'affecte. Je n'ai pas eu peur de mourir. J'ai simplement eu peur de mourir trop tôt et de pas être là suffisamment longtemps pour ceux que j'aime.

J'ai aussi vécu cette explosion des neurones de mon cerveau. Comment, sinon, aurais-je pu faire cette expérience telle que je suis convaincue de l'avoir vécue, en quelques secondes seulement ? Frôler la mort m'a fait revivre ces souvenirs et ces sentiments particuliers pour me montrer ce qui comptait le plus à mes yeux. Cette expérience, ces souvenirs m'ont apaisée et donné la force de lutter. Mon cerveau, mon instinct de survie, ma volonté de vivre m'ont montré ce pour quoi je pouvais vivre.

Assister aux derniers instants de mon père, et faire l'expérience de *mes* derniers instants dans cette voiture m'ont appris à me forger des souvenirs pleins d'amours, tant que je vis. Chose que je ne peux faire que si j'apprends à rester dans le moment présent. À savourer les instants que je passe avec ceux que j'aime, et à faire en sorte d'agir pour que ma vie ait du sens. Parce quand la mort viendra à nouveau frapper à ma porte, je veux que tous ces moments d'amour enflamment les neurones de mon cerveau, pour pouvoir partir avec le sentiment serein, heureux et beau d'avoir vécu pleinement.

Chapitre 25

Je le regarde m'observer

La résilience, c'est avoir la certitude que quoiqu'il arrive quand les choses ne vont pas dans notre sens, nous survivrons, nous finirons par l'emporter, nous apprendrons, nous grandirons et nous vivrons avec détermination. C'est avoir l'assurance que si nous tombons, nous aurons les ressources, intérieures et extérieures, pour nous relever, et que même si nous ne pouvons pas nous relever, nous pourrons ramper. Nous pourrons avancer et agir.

La résilience, c'est aussi avoir conscience qu'après une dure épreuve, il peut nous falloir un moment pour reprendre pied. Et c'est savoir que ce temps pour nous en remettre est normal et nécessaire.

Quand nous prenons ce temps, nous nous mettons en situation de repartir de l'avant, de grandir, en assimilant toutes les leçons que cette épreuve nous donne. L'expérience nous donne une nouvelle sagesse.

La résilience, c'est affronter chaque épreuve ou chaque changement en ayant confiance en notre capacité à les traverser. Nous la pratiquons à chaque fois que les choses ne se déroulent pas comme prévu.

En pratiquant la résilience, nous encourageons aussi nos

enfants à croire qu'ils peuvent l'être eux-mêmes. Nous apprenons à les laisser découvrir leurs propres capacités à repartir de l'avant. Au lieu de faire les choses à leur place, nous les encourageons en les soutenant. Nous sommes les meneurs, les entraîneurs et les guides, mais nous leur laissons toujours voir leurs capacités et leurs forces.

Et ils apprennent à développer leur résilience en nous observant exercer la nôtre.

Mon but est de donner à mon fils les outils pour relever chaque défi qu'il rencontrera, pour inventer de nouveaux outils là où ils n'existent pas encore.

THOMAS, ma mère, mon amie Marge et moi sommes partis cueillir des pommes, un beau jour de septembre. Pour arriver à la pommeraie, il fallait grimper une pente raide. Ou plutôt, ils devaient grimper. Je devais rouler.

Marge et ma mère ont toutes les deux proposé de me pousser. J'ai décliné. Pendant la montée – et c'était dur pour moi –, elles ont renouvelé plusieurs fois leur offre. J'ai décliné à chaque fois. Parfois je m'arrêtais, je me reposais un peu avant de repartir. À chaque fois, elles proposaient de me pousser. Jusqu'à ce que je m'arrête pour leur dire : "Faire rouler mon fauteuil, c'est un moyen de rester active. C'est bon pour moi, physiquement et mentalement, parce que je sens que je peux faire les choses par moi-même. Pour moi-même. Si vous voulez m'aider, restez derrière moi si jamais je me mettais à reculer, auquel cas vous pourrez m'encourager à repartir de l'avant et m'aider à croire que je peux y arriver."

Je suis arrivée en haut de la pente ! J'étais fière de moi et je l'ai dit, pendant que nous cueillions nos pommes toutes fraîches.

Quelques semaines plus tard, Thomas, ma mère et moi sommes allés, sur le Vieux-Port de Montréal, à un événement pour la défense de l'environnement. À nouveau, il m'a fallu affronter une pente raide. Cette fois, c'est Thomas qui m'a demandé s'il pouvait m'aider et me pousser pour monter la pente.

"Tu te souviens de ce que j'ai dit à mamie et Margaret l'autre jour quand on est allés cueillir des pommes ?

— Oh oui, maman, je m'en souviens."

Il a alors appelé ma mère pour qu'elle vienne se mettre derrière moi et s'est planté au milieu de la rue en criant : "Vas-y, maman ! tu peux le faire ! Encore quelques tours de roue et tu auras droit au *buzzer d'or* pour ta persévérance et ta détermination !" (Le *buzzer d'or* étant une référence à l'émission de TV, *America's Got Talent*, que nous regardions à cette période.)

Quand Thomas est face à une tâche difficile, il sait qu'avec de la persévérance, en ne renonçant pas, il peut y arriver. Comme j'y suis arrivée cette fois-là. Il vient me demander non pas de l'aider ou de faire les choses à sa place, mais de l'encourager. Il sait qu'il apprend et il se sent mieux quand c'est lui qui fait les choses.

Pendant les restrictions liées au COVID-19, j'ai rouvert un puzzle de huit mille pièces que j'avais commencé à l'âge de vingt-quatre ans. S'il y avait une période pour réussir un puzzle aussi énorme, c'était bien celle du confinement généré par la pandémie.

Thomas m'a vue y travailler, sans relâche, alors même que les trois cents dernières pièces étaient noires. Toutes noires. Il m'a vue continuer même quand j'ai compris que certaines pièces manquaient et que le puzzle ne serait jamais totalement terminé. Il m'a entendue quand j'ai dit que je ne pouvais pas m'arrêter parce que je m'étais promis de le terminer, promesse que je n'avais faite qu'à moi.

Je me suis retrouvée coincée. Je me suis demandée à voix haute ce que je devais faire. J'essayais différentes techniques. Et puis je me heurtais à un nouveau mur, je ne pouvais plus placer aucune pièce nouvelle. Alors je changeais de stratégie et j'essayais autre chose, faisant part à Thomas à chaque fois du stade où j'en étais. Et je m'y remettais tous les jours.

Il m'a fallu près de douze heures pour placer ces trois cents dernières pièces noires. Thomas était là quand j'ai posé la dernière, et il a vu à quel point j'étais heureuse et fière.

C'est ainsi que nous pouvons enseigner à nos enfants résilience, détermination, persévérance, inventivité et courage.

Les enfants qui apprennent la résilience seront les acteurs du changement de leur génération. Avec la résilience vient la compassion, et de là, la serviabilité. Les enfants équilibrés, sains d'esprit, qui ont de vrais modèles, deviennent des adultes qui réussissent.

APRÈS MON ACCIDENT, je me réveillais souvent, pas vraiment lucide, en espérant être encore dans la voiture. C'était ma façon de souhaiter être morte cette fois-là. C'était ce que je ressentais, même si je ne pouvais pas l'exprimer directement. Je sentais que j'étais un fardeau, une responsabilité qui pesait à tous, et particulièrement à mon fils. Je croyais qu'il manquait des opportunités que j'étais incapable de lui donner parce que j'étais en fauteuil roulant et que ça nous compliquait la vie. Je m'énervais parce qu'il m'attendait tout le temps.

Tous les deux jours, j'applique ce que nous appelons chez nous la routine longue. Elle me prend environ une heure trente de plus que la routine habituelle. Ces jours-là, surtout le week-end, il me faut toute la matinée pour me préparer. Après avoir passé une semaine à me lever à 5 h 30, je ne peux pas me lever aussi tôt le week-end ; je commence donc plus tard, et j'en termine entre midi et 13 h.

Tout doit être organisé en fonction de mon cathétérisme (les heures fixes auxquelles je dois penser à vider ma vessie). Pour des raisons évidentes, c'est très important lorsque je dois me rendre ensuite dans un endroit où il n'y a pas de toilettes adaptées.

Tous les besoins de ce genre, que je n'avais pas avant, étaient des obstacles à ma parentalité et à l'enfance de mon fils, sans parler du gros poids qu'ils faisaient peser sur mon entourage. Si j'étais morte, me disais-je *in petto*, Thomas aurait évité ces complications. Il pourrait avoir des parents valides qui prendraient mieux soin de lui.

Je pensais que je freinais son développement. Ce sentiment m'est resté longtemps. Et puis, un jour, j'ai réalisé à quel point mon fils avait besoin de moi.

Quand Thomas était petit, il avait toujours besoin de savoir ce qui allait se passer ensuite. Peut-être à cause de mon accident, il avait (il a toujours) la capacité de penser aux différentes façons dont une situation peut évoluer. Il avait parfois, et même souvent, en réalité, besoin d'être rassuré.

J'ai compris que j'étais la personne capable de le rassurer. C'était moi qui avais le temps et la patience pour lui apprendre à être plus attentif, à lui montrer comment être moins dans la réaction et plus résilient. Je pouvais être son modèle. Je pouvais lui narrer, en mots et en actes, une histoire qu'il garderait à jamais dans son cœur.

D'autres qu'une mère peuvent aimer un enfant – et plus il est aimé, mieux c'est – mais personne ne le connaîtra aussi bien qu'elle. Les enfants sont constamment dans notre sphère d'amour, ils font partie de nous, ils viennent de nous, et ils ont besoin de nous. Mon fils avait besoin de moi, il a besoin de moi.

Ce n'est pas parce qu'il aurait eu deux parents valides que Thomas aurait eu un meilleur foyer familial, qu'il aurait été mieux soutenu. C'était à moi de lui fournir le meilleur environnement possible, chez moi. Chez nous. Là aussi, en comprenant ça, mon immense amour pour lui a nourri ma résolution de continuer à vivre, malgré le désespoir qui me gagnait parfois. Et plus je me rassurais à l'idée que j'étais le meilleur parent possible pour lui, plus j'étais motivée pour travailler à retrouver ma santé. Je savais que je pouvais le faire parce que je le faisais, parce que c'est ce que j'avais fait depuis sa naissance.

J'étais un exemple de résilience.

TOUS LES ENFANTS autour de moi ont appris que je peux faire pratiquement tout ce que je veux, avec quelques adaptations parfois. Mon neveu, Max, et moi avons adapté nos parties de basket – nous jouons en fauteuil. Je nage avec tous, et je porte des brassards au cas où l'un d'eux veuille s'accrocher à moi. Les enfants demandent s'ils peuvent pousser mon fauteuil pour m'aider ; certains des plus jeunes ont appris qu'ils pouvaient s'asseoir sur mes genoux s'ils ont mal aux jambes. Nous avons adopté des activités à faire sur une table plutôt que par terre. Nous avons trouvé où étaient les cinémas *vraiment* adaptés et nous adorons y aller, c'est devenu notre activité préférée. Nous avons trouvé un nouveau moyen de faire la course: ils courent, je roule. Ils se sont adaptés à notre nouvelle normalité.

Et ils voient aussi les choses différemment. Ils remarquent plus de choses que les enfants qui n'ont pas de maman en fauteuil dans leur entourage. Quand ma nièce a reçu pour Noël une maison de poupée à deux étages avec un ascenseur, elle s'est tournée vers sa mère en disant : "Il y a même un ascenseur pour tata Marjorie !" Quand Ben (le plus jeune des cousins de Thomas) était petit, il m'écoutait avec beaucoup d'attention quand je l'aidais à sortir de sa chaise haute. Il attendait quand je lui demandais d'attendre. Il savait qu'il devait suivre mes directives pour ne pas se mettre en danger. Nous pouvions rester des heures ensemble, seuls tous les deux, sans aucun problème. J'adorais ces moments privilégiés avec Ben, surtout quand il a eu l'âge qui correspondait aux mois que je n'avais pas vécus avec Thomas.

Ces moments-là me montrent que les enfants comme les adultes peuvent s'adapter et faire preuve de résilience. Depuis que Thomas a deux ans, je me suis adaptée à mes nouvelles capacités physiques, et j'ai pu passer des moments privilégiés avec tous, y compris Ben. À six ans, mon neveu se sent en sécurité avec moi. Quand il veut aller se promener seul avec moi dans son quartier, nous le faisons. Il m'a vu une fois avoir du mal à monter sur le trottoir, et est venu tout de suite m'aider. Puis, il s'est mis devant moi et a annoncé tous les obstacles, petits et grands, qui se présentaient sur notre chemin vers le parc.

Leur vision de tout ça, c'est que tant que je m'amuse avec eux et que je leur donne ce dont ils ont besoin, ça leur est égal que je le fasse en étant dans un fauteuil roulant au lieu d'être debout. Et s'ils ont besoin de quelque chose que je ne peux pas attraper, parce que c'est trop haut par exemple, ils ont appris à grimper sur mes genoux et à l'attraper eux-mêmes. Travail d'équipe.

Éduquer des enfants sains et résilients revient en fait à leur faire confiance pour se focaliser sur ce qui a vraiment de l'importance, et à se faire confiance pour les laisser régler la plupart des choses eux-mêmes – ou au moins à participer à l'élaboration de la solution. Cela leur apprend à participer et ça en fait des citoyens plus tolérants, inclusifs et impliqués.

CHAPITRE 26

ALLER DE L'AVANT

Comme je n'ai pas pu trouver d'autre maman en fauteuil roulant pour me servir de modèle et m'ouvrir la voie, j'ai regardé en arrière pour voir si d'autres pouvaient suivre mes traces, me voir devenir la personne que je veux que mon fils soit. Je dis "devenir" et non pas "être" parce que c'est un processus. Un voyage. Je lui montre que je veux *devenir* une meilleure personne, pas que je *suis* une meilleure personne.

IL N'Y A pas si longtemps, à l'heure du dîner, Thomas a pris son téléphone pour consulter ses réseaux sociaux (son téléphone n'a pas de carte SIM mais il se sert du signal Wi-Fi). J'ai immédiatement réagi, en lui disant de lâcher son téléphone, ce qu'il a fait.

Quelques minutes plus tard, il a ressorti son téléphone.

"Qu'est-ce qu'il y a de si important pour que tu sois obligé de regarder ton téléphone là, tout de suite, pendant qu'on mange ?"

Il m'a ignorée, a continué à surfer sur son téléphone, mais il mesurait ma colère. Comme je devenais toute rouge parce qu'il ne m'écoutait pas, il a déclaré : "Je voulais que tu comprennes ce que ça fait quand toi tu sors ton téléphone pour le regarder.

— Mais je ne fais jamais ça ! Pas quand tu es là !"

Il n'a rien répondu. J'ai redit que réseaux sociaux, applis diverses, téléphones et technologie en général n'étaient pas les bienvenus à table.

Quand nous sommes passés au dessert et que Thomas a débarrassé les assiettes pour les mettre au lave-vaisselle, je me suis surprise moi-même. Je venais de prendre mon téléphone pour consulter les notifications.

J'étais mortifiée. Je n'avais pas remarqué mon propre comportement. Thomas, si.

Pendant le dessert, je lui ai demandé si ça faisait longtemps que ça le dérangeait que je sorte mon téléphone à table. Il a confirmé que oui.

Je me suis excusée et lui ai demandé de me signaler la prochaine fois que quelque chose le perturbait dans ce que je faisais, pour que je puisse y remédier plus tôt ou le lui expliquer, si je ne pouvais rien y faire. Nous sommes tombés d'accord.

THOMAS, ma mère et moi sommes entrés en quarantaine le 10 mars 2020, quelques jours avant tout le monde à Montréal. J'avais entendu dire que plusieurs enfants dans l'école de Thomas étaient des cas confirmés ou possibles de COVID-19. Ma mère et moi étant classées dans les catégories "vulnérables" à cause de notre âge et de notre condition physique, je n'ai pas voulu prendre de risques. Je suis plus exposée parce que je ne peux pas tousser. Ma capacité pulmonaire est réduite de 30 % parce que mes muscles abdominaux ne peuvent pas pousser sur mon diaphragme.

Thomas a accepté de ne voir les gens qu'en vidéo ou à distance, dans un parc. Il a cessé toute activité avec ses amis et s'est préparé à suivre ses études en ligne. Un mois a passé, puis un autre, puis un an, puis dix-huit mois. S'il a supporté vaillamment ce bouleversement dans sa vie, nous avons bien vu que ça lui faisait peur. Déjà plutôt anxieux, il redoutait maintenant vraiment que je meure... une fois de plus. Le COVID-19 a réveillé chez lui des sentiments qu'il ne se connaissait peut-être pas. Que se passerait-il si je mourais ? Qui s'occuperait de lui ? Qui le défendrait ? Qui le guiderait ?

Le COVID a aussi ravivé certaines de mes peurs, comme celle de mourir en le laissant, lui. J'espérais que cette angoisse qui datait d'après l'accident n'ait pas déteint sur lui mais je le redoutais, car nous avions de nouveau les mêmes craintes.

J'ai remarqué qu'il était dur avec lui-même, qu'il se sentait mal s'il faisait les choses autrement que comme je le souhaitais, ou quand il oubliait de finir ses devoirs, par exemple. Même quand je lui ai dit que ce n'était pas grave, qu'il apprendrait vite à être mieux organisé, il a continué à se juger durement. Il n'avait pas réalisé que le confinement avait épuisé sa tolérance et ses ressources intérieures.

Et puis j'ai compris. Il avait le même dialogue intérieur que moi quand je me sentais incompétente, en tant que mère ou que personne.

Le COVID avait mis nos nerfs à vif, nous avait rendus hypersensibles. Nous avions plus de mal à maîtriser nos colères, nos frustrations. De petites choses déclenchaient des réactions hors de proportion. J'ai compris que nous n'allions pas survivre longtemps à un confinement si nous ne changions rien. Et un jour, lors d'une sortie à pied (à distance, et avec des masques, bien sûr), j'ai pu voir Thomas exprimer son stress.

"Essaie de te détendre, Thomas, ai-je dit pour essayer de l'aider.

— Bon, tu ferais peut-être bien d'apprendre, *toi*, à te détendre pour me montrer comment on fait."

Sa repartie, vive, m'a heurtée. Au début. Puis j'ai réalisé qu'il avait raison.

J'ai compris qu'il reproduisait mes comportements, suivait mon exemple sans écouter mes conseils ("Fais ce que je te dis, pas ce que je fais !") Si je voulais qu'il grandisse avec dans sa boîte à outils les stratégies lui permettant de devenir un être humain plus attentif et plus équilibré, je devais devenir quelqu'un de plus attentif et de plus équilibré. Je devais changer. J'ai compris que les compétences que je voulais qu'il ait étaient celles dont j'avais moi-même besoin. Je devais les acquérir et les appliquer.

Nous devions tous deux apprendre à nous rééquilibrer. À trouver des stratégies efficaces pour être moins dans la réaction.

Thomas avait fait du yoga à l'école mais ça n'était pas possible à distance. Il ne pouvait pas en faire en ligne parce qu'il a des problèmes de coordination et que ça générait plus de frustration qu'autre chose, il ne comprenait pas quels mouvements on lui demandait de faire.

Je lui ai donc parlé de méditation, et puis de la pleine conscience. Nous suivions ensemble les cours de méditation. Nous avons pris l'habitude, le soir, de tenir un "journal de grati-tude" et de méditer huit minutes. Nous faisions ça ensemble et nous y avons ajouté des sessions séparées, chacun de son côté. Par exemple, j'ai adapté ma propre version du balayage corporel (il n'existe pas, en méditation, de balayage corporel pour une personne paraplégique) pour me réveiller, le matin. Thomas, lui, pratiquait une méditation de recentrage, vers midi ou juste après ses cours à distance.

Parce que j'aime apprendre, j'ai étudié, lu et me suis entraînée à une méditation de pleine conscience par laquelle je me focalisais sur les forces de caractère. Par exemple, j'ai exploré quel rapport j'ai avec mes jambes maintenant que je ne les sens plus comme avant. Ma perspective m'aide à danser avec les bras : à bouger chaque doigt, à avoir conscience de chaque mouvement, à sentir la résis-tance de l'air. Et j'en fais une fête. Je fête mes bras et le fait d'être capable de les bouger.

Pratiquer la méditation et la pleine conscience a quelque peu changé ma vie. Je suis moins dans la réaction, tout d'abord. J'en-tends mes pensées et je sais qu'elles pourraient déclencher un comportement dont je ne serais pas fière. Par exemple, si l'un de nous faisait tomber un saladier et que je voyais Thomas s'agiter sans savoir quoi faire, inquiet de ma réaction, je pouvais suivre le fil de mes pensées. *Merde, je dois nettoyer tout ça. Pour moi, nettoyer quelque chose par terre, c'est pénible ! Et je pourrais crever un pneu, avec tous ces petits bouts de verre. Je vais devoir demander à ma mère de le faire à ma place. Je déteste demander de l'aide. Demander de l'aide, ça me rend faible, ça montre simplement à quel point je ne suis plus bonne à rien.*

Ces pensées menaient à un sentiment de désespoir, de colère, et je me défaisais de cette perception négative de moi-même en demandant à Thomas de "nettoyer ça tout de suite !" Comme je parlais sans patience, Thomas en déduisait que j'étais furieuse, se mettait à pleurer et donc trop bouleversé, était incapable de faire ce que lui demandais. Je m'entendais alors dire quelque chose du genre : "Bon, ce n'est pas la peine de pleurer, c'est juste un saladier après tout."

J'ai été stupéfaite de voir que la pratique de la pleine conscience m'aidait à comprendre comment tout cela s'enchaîne. Avec la pratique, j'arrive de mieux en mieux à m'empêcher de dire certaines choses, à contrôler le ton de ma voix ; j'arrive même à m'arrêter pour le prendre dans mes bras.

La pleine conscience m'offre la possibilité de modifier l'enchaînement de mes pensées parce que j'ai conscience de leur impact. Et connaître mes forces de caractère m'a conduite à savoir que j'ai les ressources, d'autocontrôle ou de mise en perspective, pour faire des choix plus conscients, moins réactifs.

Ce faisant, la maison est devenue un espace plus apaisé, avec plus de gentillesse et de compassion qu'auparavant.

Thomas s'est habitué à la pleine conscience et à la méditation, et a commencé à pratiquer de lui-même lorsqu'il en sent le besoin. Il a appris à mieux contrôler son anxiété, il parvient à réprimer ses accès de colère avant qu'ils n'éclatent, et nous avons tous les deux commencé à moins prendre les choses personnellement, ce qui nous a libérés et permis d'avoir des conversations plus franches.

Être parent, c'est vraiment aider nos enfants à devenir la

meilleure version d'eux-mêmes. Devenir l'adulte que nous voulons que nos enfants soient est un des moyens d'y parvenir.

Si nous décidons de tourner la page, nous ne resterons pas coincés en chemin. Il y aura des avancées, du progrès, puis d'autres ennuis surviendront, et le cycle de l'apprentissage recommencera.

Les problèmes que j'ai eus à affronter juste après avoir été dans un fauteuil roulant pour la première fois me semblaient insurmontables à l'époque, et on m'a souvent répété que les choses allaient s'arranger. C'est vrai, certaines choses se sont arrangées.

Comme pour la vie en général, le but de la parentalité est mouvant – un enfant grandit – et il y aura toujours des défis nouveaux, que je sois une mère en fauteuil roulant ou non. Que ce soit à cause d'un accident de voiture ou d'autre chose, il y aura toujours des ajustements à faire. Ils ne requerront pas forcément des masques en tissu, mais presque à coup sûr des mouchoirs – et de la soupe de poulet, et de la compassion, surtout envers soi-même.

ÉPILOGUE

Les gens de mon assurance automobile voulaient que je recommence à conduire. Mon équipe de rééducation voulait que je recommence à conduire. Mes parents pensaient que ce serait bien pour moi parce que recommencer à conduire me donnerait plus d'autonomie.

Je les ai tous détestés de dire ça. Jusqu'à ce que je commence à avoir des réactions post-traumatiques en tant que passagère dans une voiture. Je réagissais quand ma mère tournait à gauche dans une rue à double sens, quand mon père roulait trop vite, quand le vent se faisait sentir – cette impression de *glissement*... tout me ramenait là-bas, à l'accident. Quand je voyais d'autres voitures arriver en sens inverse, je me focalisais sur leurs phares, j'y voyais ceux du pick-up noir. Je revivais la peur intense qui avait précédé l'impact. Même en écrivant ces lignes, je retourne là-bas. Dans ma voiture. Incapable de rien faire. Impuissante. Incapable de bouger. Paralysée de peur. Physiquement. Émotionnellement. Cognitivement. Je sais ce qui va arriver. Et je me mets à pleurer.

Dix-huit mois après avoir rompu avec cette première psychologue, j'ai accepté d'en voir une autre. Mais uniquement pour m'aider à me rasseoir derrière un volant.

J'ai choisi celle-ci avec soin. C'était une amie d'amie – ça arrive parfois. C'était la seule en qui j'aurais eu confiance. La seule que j'aurais acceptée. Nous avons donc établi un plan.

Elle m'a énormément aidée. Elle m'a aidée à combattre ma peur et à remettre mes pensées en question. Tout ce que nous avons fait ensemble visait à ce que je puisse reprendre un volant. Et nous avons réussi : j'ai recommencé à conduire, et je conduis aujourd'hui.

Quand je suis retournée travailler, au début, je masquais ce que signifiait pour moi être paraplégique, partager la garde de mon enfant, je cachais l'effet qu'avaient mes incontinences sur mon âme. Tout cela était dévastateur. Je ne voulais pas affronter ces sentiments et quand j'ai aussi dû m'arrêter de travailler, ça a été comme un raz-de-marée. J'étais prise dans un tourbillon, je suffoquais. C'était la deuxième fois que survenait un événement sur lequel je n'avais aucune prise. J'étais terrifiée.

J'ai rencontré une autre psychologue mais deux semaines après avoir commencé à la voir, je suis partie en congé maladie. J'avais commencé à la voir pour traiter tous ces sentiments, trop tard pour sauver mon travail, mais elle me suit encore aujourd'hui.

Ces sentiments étaient ancrés dans des pensées totalement irrationnelles. Des préjugés sur ce que signifiait "avoir besoin d'aide". Avec l'aide de cette nouvelle psychologue, j'ai pu identifier ces pensées, les remettre en question, apprendre à choisir lesquelles je pouvais absorber et lesquelles je devais fuir.

Je sais que ces pensées peuvent se déclencher facilement, à tout moment. J'ai appris à les reconnaître.

Mais maintenant je connais aussi quelque chose de plus fort : la psychologie positive et les forces de caractère. C'est l'approche qu'on devrait utiliser – c'est mon opinion personnelle et professionnelle – dans tous les centres de rééducation. Parce que savoir que nous avons vingt-quatre forces de caractère auxquelles nous pouvons puiser à tout moment, dans chaque situation, nous rend notre pouvoir. Ça m'a en tout cas rendu le mien. Et c'est ce dont j'avais besoin : retrouver mon propre pouvoir.

Voici un exemple que je donne souvent. Quand j'ai vu le pick-up, j'ai su que c'était fini. J'allais mourir. J'ai d'abord pensé que je ne pouvais rien y faire. Maintenant que je connais la psychologie positive et les forces de caractère, j'ai compris que j'avais utilisé l'Amour (ma force première, celle que j'utilise le plus souvent) pour trouver la volonté de survivre. Que j'avais utilisé la Prudence (une de mes forces moyennes) pour ne pas aggraver mes lésions lorsque je m'étais obligée à ne pas bouger et attendre que les premiers secours passent à l'action. Et que j'avais usé de la Spiritualité (ma force la moins utilisée) pour demander à retrouver l'usage de mes bras et pour savoir que je n'étais pas seule. Cela m'a montré que je pouvais agir pour survivre et pour recouvrer l'usage de mes bras. Que je pouvais toujours en partie contrôler mes réactions, mes pensées et mon comportement. J'aurais pu faire empirer les choses. Mais je me suis aidée moi-même. Même dans le moment le plus terrifiant de ma vie, celui où je me suis sentie le plus impuissante, j'avais une certaine mesure de contrôle sur moi-même. Et ça m'a rendue forte. Et utile.

À n'importe quel moment, je peux choisir d'utiliser ma force de Créativité pour réfléchir à une nouvelle solution, ma force d'Amour de la connaissance pour apprendre une nouvelle manière de faire les choses. À tout moment, je peux puiser dans le Travail d'équipe pour élever mon fils avec mes parents, dans ma force de Gentillesse pour me sentir en lien avec les autres. Chaque chapitre de ce livre parle d'une ou plusieurs de ces forces, de comment ces forces de caractère m'ont servie, comment elles m'ont rendue meilleure et plus forte.

C'est ce dont le monde de la rééducation a besoin. Je peux vous le dire.

REMERCIEMENTS

Ressentir le besoin d'écrire est une chose, le faire en est une autre, et partager ce qu'on a écrit en est une bien différente encore. Je n'aurais jamais cru pouvoir partager mon histoire si on ne m'avait pas vue comme la personne que je suis malgré et avec mon handicap. Et donc à vous tous les professionnels de l'hôpital Sacré-Cœur, de l'institut de réadaptation Gingras-Lindsay de Montréal, du centre de réadaptation Lucie-Bruneau qui m'avez soutenue, m'avez enseigné des choses, m'avez soignée (et continuez de le faire), vous qui m'avez vue comme une personne ayant une dignité, qui méritait votre temps, votre expertise, votre intérêt et votre implication, merci. Vous m'avez vue comme plus qu'un simple corps, brisé ou entier. Vous avez reconnu mes forces, vous avez cru en moi quand moi-même je n'y croyais pas.

Partager ces moments intimes et vulnérables n'aurait pas pu se faire non plus sans les encouragements et la foi qu'ont montrés mes amis, dont beaucoup sont eux-mêmes des professionnels de santé. Ils m'ont souvent dit à quel point mes histoires les touchaient, en tant qu'amis mais aussi professionnellement. À Melinda, pom-pom girl en chef de mon équipe de pom-pom girls. À Laura, ma partenaire de *Parents with intellectual disabilities*, grande avocate des droits de la personne et amie, pour avoir lu la seconde grande révision et m'avoir offert de précieux commentaires et suggestions. À Margaret, qui compte tant dans ma vie et dans celle de beaucoup d'autres ! Tu as beaucoup de rôles :

soignante, leader spirituel, travailleuse sociale, coparent, supportrice ou avocate, mais celui qui me touche le plus, c'est celui de meilleure amie ! Merci d'avoir lu les deux principales versions de ce manuscrit et de m'avoir offert remarques et suggestions passionnantes et stimulantes. Il ne serait pas ce qu'il est sans ton apport et ta confiance en moi. À Vanessa, pour m'avoir donné une vraie perspective sur la valeur de ce manuscrit, pour les suggestions que tu m'as faites, qui m'ont permis d'être sûre que chaque partie était claire.

À Gwynnyth, chercheuse et défenseure des parents présentant des handicaps de grand talent, reconnue et internationalement appréciée, pour m'avoir fait connaître de nombreuses recherches dans le domaine des parents présentant des handicaps intellectuels, et pour avoir normalisé et mis en avant le concept capital de communauté et de soutien (sans honte ni culpabilité). À Capetown, dans un bar en compagnie de nos estimés collègues et amis du monde de la parentalité et du handicap, tu as affirmé une chose qui m'a rassurée et rendue plus forte : Je pouvais choisir d'être un parent unique parce qu'un enfant a besoin d'au moins UN adulte qui croit en eux pour devenir fort et résilient. Je savais que mon enfant à naître nous aurait, moi et ma communauté, j'étais donc certaine qu'il grandirait dans de très bonnes conditions. Et quand tu l'as rencontré à Halifax, quelques années après, tu m'as redit qu'être parent en situation de handicap – quel qu'il soit, y compris une moelle épinière sectionnée – est possible, et que ça apprend à nos enfants à être plus créatifs, plus gentils et à avoir soif de justice. C'est quelque chose que nous devrions tous rechercher. Alors quand tu as *demandé* à lire mon manuscrit, ç'a vraiment été un honneur pour moi. Tu m'as permis de croire que je pouvais réaliser tout ce à quoi je m'attelais. Pour ça, je t'en serai éternellement reconnaissante.

S'il est difficile de coucher ses idées et ses souvenirs sur le papier, les faire lire par des amis l'est plus encore, et les partager à voix haute est libérateur (mais c'est aussi une torture parfois). À l'été 2020, j'ai été interviewée par Caroline, une amie de lycée, pour *Mothersphere*, un groupe de contact et de soutien pour les mères. Elle et Tanya pensaient que mon histoire pouvait profiter aux mères du monde entier. En m'interrogeant, vous avez ouvert des portes et des fenêtres sur ce qui est maintenant ma nouvelle vie, et je vous en serai éternellement reconnaissante. Vous raconter tout cela m'a amenée au concours d'éloquence qu'est *Speaker Slam*, et m'a conduite à partager mon histoire avec des Messages Universels qui ont un impact. À Dan et Rina, co-fondateurs du *Speaker Slam*, qui êtes aussi mes amis : vous avez créé une plate-forme d'une grande importance, et m'avez accueillie dans votre communauté. En faire partie a donné à mon écriture un sens supplémentaire. Bien des histoires que j'ai racontées dans mes discours se retrouvent dans ce livre car elles ont été cruciales dans ma vie. Merci de m'avoir guidée vers la personne que je suis aujourd'hui.

Plus je partageais mon histoire, plus je gagnais en confiance, une confiance qui m'a poussée à contacter Fatima Doman, l'auteure de *Authentic Resilience*, livre qui m'a donné les outils et les stratégies pour redéfinir la façon dont je voyais les situations difficiles que j'avais vécues. Merci, Fatima, pour ta gentillesse et pour m'avoir assuré que je devais raconter et faire part de mon histoire.

Alors que j'essayais de redéfinir et de donner un sens à la vie qui était la mienne après l'accident, la science qui a débouché sur la psychologie positive et les forces de caractère (VIA Institute) m'a donné un nouveau prisme qui me permet d'aborder mon handicap d'une manière différente, plus positive et génératrice d'espoir. Ryan Niemic et Ruth Pearce ont été mes guides et mes professeurs dans ce processus, et m'ont donné le vocabulaire et les outils pour utiliser et identifier mes forces de caractère, Perspective, Bravoure, Appréciation et Gratitude, qui ont changé ma vie. Leur amitié est une bénédiction et un bienfait. Quant à Stephanie et Lydia, cofondatrices du podcast *Hope Warriors*, elles m'ont rappelé que je pouvais voir un événement comme quelque chose qui me tombe dessus ou me focaliser sur ce que je peux y faire avec mes ressources propres. Grâce aux conversations que j'ai eues avec elles et avec Ruth et Ryan, j'ai compris que l'Amour m'avait sauvé la vie, que la Prudence m'avait protégée de lésions plus graves, que la Spiritualité m'avait gardé saine d'esprit et apaisée alors même que je ne pouvais plus bouger les bras, et que l'Espoir avait présidé à ma guérison. Vous m'avez aidée à voir que j'avais déjà tout en moi. Grâce à cette influence, j'ai renoué avec une vie spirituelle qui m'aide à tenir bon sans trembler, même là où les séismes ne manquent pas.

Quand tout tremble, y compris notre confiance en nous-même, il est bon d'avoir des amies qui savent et ne doutent pas de notre valeur (et nous la rappellent sans cesse). Emmanuelle est l'une d'elles. Depuis le lycée, où nous avions peut-être échangé dix mots, jusqu'au coup de fil que ma mère a reçu quelques semaines après mon accident, notre amitié dure maintenant depuis plus de dix ans ! Tu as été mon ancre, mon filet de sécurité très souvent, et tu as fait en sorte que la lionne en moi puisse encore rugir avec force contre les injustices et les discriminations qui accompagnent mon handicap. Et tu m'as apaisée plus d'une fois en me faisant savoir que tu étais à mes côtés.

J'ai aussi eu la chance dans ma vie de rencontrer des gens merveilleux, certains avec qui je me suis tout de suite bien entendue. Ian et Maria sont de ces géants avec qui j'ai eu le bonheur de travailler. À Ian Tyson, l'as de mon jeu de cartes : travailler avec toi à certains de mes discours a été un honneur et une bénédiction. À Maria Sirois : ce fut un grand privilège d'apprendre par toi comment raconter une histoire et de découvrir la psychologie positive et la résilience. Ta sagesse a changé ma vie de bien des manières, et tu resteras toujours dans mon cœur.

À mon éditrice, Boni : travailler avec toi a été parfois un défi, et j'ai définitivement appris à renoncer à tout contrôler et à te faire confiance sur le chemin où tu m'as guidée. Je me sens extrêmement privilégiée d'avoir eu la chance de travailler avec toi. Ta capacité à synthétiser, à prendre du recul et à relever ce qui est pertinent et utile dans un récit est incroyable ; merci pour ce voyage ! À Marie : tu as été là, en coulisse. Je sais combien tu as travaillé pour bien cadrer mon histoire afin qu'elle parle à tout le monde.

À toutes les mamans avec qui j'ai travaillé, notamment celles de *Parenting Group*, qui m'ont toujours montré l'exemple. À *Julie* (c'est un nom d'emprunt), la première maman que j'ai rencontrée, et à *Star* (c'est aussi un nom d'emprunt), la mère célibataire qui m'a le plus inspirée dans toute ma carrière.

À Evelina, ma partenaire de *Parents with Disabilities*. Travailler avec toi me donne beaucoup de joie et une force que je n'aurais jamais imaginée. Tu m'as présentée à des mamans en fauteuil, qui m'ont permis d'en rencontrer d'autres, et rien que ça m'a rendu le sentiment d'appartenance à une communauté que j'avais perdu dans cet accident. Connaître et voir toute ces mamans magnifiques me rend plus forte, en tant que maman en fauteuil roulant, que je ne l'aurais cru possible. Tu m'as fait un des dons les plus précieux : le sentiment d'avoir de la valeur, une identité et une fierté. Et donc à vous toutes, les mamans en fauteuil roulant, actuelle et futures, et à tous les parents présentant un handicap, merci pour votre amitié, merci de rendre publiques vos histoires afin qu'elles nous inspirent tous. À @soleine, @daniizzi, @happy_para_mum, @adaptiveparentproject, @marcogpasqua, @christacouture, @blindmotherhood, @disabledmums, @elizahull et toutes celles et ceux que je ne connais pas encore. À Chantal Petitclerc, athlète paralympique, médaille d'or et sénatrice, qui soutient *Amplifying the Voices of Parents with Disabilities* et qui a partagé la parentalité en fauteuil roulant positive ! Tes encouragements et ton approbation ont beaucoup compté. Je n'aurais jamais imaginé pouvoir être à la hauteur de ce que tu as fait, jusqu'à ce que je comprenne que ce n'est pas une compétition mais qu'il s'agit de soutenir les efforts des autres. C'est ainsi que nous changeons le monde ! Merci pour ce soutien, et pour cette belle leçon. À Rick Hansen, athlète paralympique, *man in motion*, que je n'ai jamais rencontré mais qui a lu et approuvé ce livre, merci ! Je parle de toi régulièrement à des élèves de tous âges comme Ambassadrice de ta Fondation et ensemble ont leur montre ce qui est possible de faire.

À ma nouvelle et géniale amie, Ingrid Palmer, @focusonabilitylife. Tu m'as montré comment aller de l'avant, fièrement, en tant que femme et que mère ayant un handicap. Pour cela, tu as ma reconnaissance éternelle. Ton amitié me donne joie et énergie !

À mes plus proches amies, dont les vies ont changé avec la mienne, qui se sont adaptées, tout comme moi, et se sont faites à ce que mon handicap fasse partie de leur monde. Grâce à vous je me suis sentie moins seule et vous m'avez donné de la force quand j'en manquais. Vous avez été là pour Thomas quand je ne pouvais l'être, et avez accueilli mes parents comme les vôtres. Il n'y a pas de mots pour dire la chance que nous avons de vous connaître. Sophie, Anne-Marie, Stéphanie, Paula, Kelley, Kelly et Jan, je vous aime. Et à Alexandre, Peter, Richard et Pierre, les hommes de vos/nos vies, merci de ce que vous apportez à mon fils, et d'être les hommes que vous êtes. À Melissa, Isabelle, Amanda, Rosa, Carol et Lisa : merci de votre amitié indéfectible. Vous avez été en première ligne quand ma vie a pris un cours différent et vous vous êtes adaptées autant que moi, sans me laisser en arrière.

Quand on m'a transportée au centre spécialisé des lésions de la moelle épinière de Montréal, tous ceux de ma famille rentraient chez eux après une semaine pleine de joie passée ensemble. Et pourtant ils se sont tous précipités à mon chevet dès qu'ils ont appris la nouvelle. Ils ont pris soin de mon fils quand j'en étais incapable. Ils ne m'ont jamais laissée seule. Ils se sont serrés les coudes pour qu'ensemble, nous tenions. Mon frère Fabrice a joué le rôle de la figure paternelle, avec ses blagues de père et ses batailles pour rire. Il a toujours été là pour s'assurer que nous avions l'espace nécessaire pour préserver nos liens et nous amuser – ensemble ! Il ne m'a jamais lâchée. Toujours prêt à me soutenir, me remonter le moral, me resservir de rhum-cola, pagayer sur notre kayak et me rappeler que je comptais pour lui et qu'il m'aimait. À mon oncle Christian qui me fait savoir qu'il tient à moi sans le dire, mais me le montre de mille autres façons. Ma tante et lui ont soutenu ma cousine autant que mes parents m'ont soutenue. Les parents derrière les mères. Qui deviennent plus que des grands-parents, sans jamais chercher à remplacer les parents de leurs petits-enfants, qui les aiment, prennent soin d'eux, les rassurent et leur offrent un foyer. Ils ont fait de ma cousine et moi les meilleures mères que nous pouvions être. Tata, tonton, vous avez été des seconds parents pour moi toute ma vie, vous vous êtes occupée de moi comme votre fille. Je suis reconnaissante de vous avoir et je vous aime plus que les mots ne sauraient le dire.

À mon père et à son *petit père*. Ils sont pour Thomas et moi les hommes qui ont eu le plus d'influence. Mon père sera toujours mon héros : un homme gentil, avec des valeurs fortes, qui aimait ses enfants plus que tout au monde et qui aurait tout fait pour les protéger et les rendre heureux. Il a rendu à ses enfants et petits-enfants l'amour infini que lui avaient donné son *petit père* et sa grand-mère. Le cœur de mon père est toujours resté en partie à Mers-les-Bains et au Tréport. Et je dois dire que le mien aussi. Dieppoise de naissance, je suis fière de l'héritage culturel et historique que me donne le lieu où je suis née. À ma famille française, mes cousins et cousines, je vous remercie de tout l'amour que vous nous avez toujours donné, à mon père et à moi, à ma mère, mon fils, mon frère et ma sœur. Notre journée à Mers en 2019, couronnée par cette superbe baignade dans l'océan, m'a marquée et je vous en remercie du fond du cœur. À ma tata Roselyne, j'espère que ce livre te montre comment je garde en moi tout l'héritage si plein d'amour laissé par Yvonne et pépé Coquet.

Le choix d'être mère célibataire était tout à fait volontaire de ma part. Cette décision m'a demandé plusieurs mois, plusieurs années même, de réflexion. Il s'agissait d'identifier mes valeurs et de suivre mes rêves, de réaliser les espoirs que j'avais pour l'avenir. Je n'aurais même pas imaginé pourvoir être mère célibataire sans toutes les merveilleuses mamans que j'ai croisées dans ma vie et qui m'ont inspirée. Ma mère, tata Badette, ma cousine Sylvia, ma sœur et ma belle-sœur Stéphanie sont les femmes que j'admire le plus. Si j'ai fait le choix d'être parent en solo, c'est parce que j'ai vu que mon monde existait grâce aux plus admirables et aux plus résilientes des mères. Vous m'avez montré que l'amour d'une mère ou d'une grand-mère peut nous rendre très vulnérables mais qu'il nous donne aussi une force surhumaine : il nous permet d'aller plus loin que ce que nous sommes en tant que personne et en tant que femme. Cet amour maternel farouche et tendre nous permet de découvrir qui nous sommes vraiment, d'acquérir de nouvelles capacités, nous dicte les choix difficiles que nous devons faire, et nous apprend à respirer par le nez quand la situation l'exige. J'ai vraiment de la chance d'avoir eu des modèles tels que vous.

À la maman derrière la maman : à ma mère. Toi qui as été mes bras et mes jambes plus de fois que je ne saurais le dire. Tu m'as donné la vie, m'as aimée, m'a élevée. Tu m'as laissé prendre mon propre chemin et, quand j'ai eu besoin de toi, tu as été là pour faire en sorte que je puisse élever mon enfant. Merci d'être dans le cercle de parentalité de Thomas. De m'aimer et l'aimer comme tu le fais.

Et enfin au seul qui a fait de moi une mère, pour commencer : Thomas. Je comprends qu'à douze ans, on n'a pas envie d'entendre sa mère dire ouvertement qu'elle nous aime, mais écrire un livre n'est pas une mince affaire, et tu vas devoir accepter que je raconte à tout le monde à quel point tu comptes pour moi, à quel point j'ai la chance de t'avoir. Tu es la personne la plus importante au monde. Tu as été un rêve que j'ai porté pendant très longtemps et tu as fait de moi la femme que je suis aujourd'hui : une forte, résiliente et fière maman en fauteuil !

À PROPOS DE L'AUTEUR

L'auteure

Marjorie, Aunos, PhD., a été nommée *Speaker of the Year* au concours d'éloquence *Speaker Slam North America* en 2021. Auteure, chercheuse de réputation internationale, elle est professeure associée à Brock University et à l'Université du Québec à Trois-Rivières. Elle est présidente du *Parenting and Parents with Intellectual and Developmental Disabilities Special Interest Group* (SIRG) à l'IASSIDD. Elle a développé le premier programme de soutien à des familles dirigé par des parents présentant des handicaps intellectuels du Québec, au Canada. En 2012, au faîte de sa carrière, et alors que son fils avait seize mois, elle a eu un accident de voiture qui l'a laissée avec des lésions de la moelle épinière.

Marjorie pense que se focaliser sur nos forces de caractère peut nous amener à vivre pleinement notre vie. Elle est aussi co-auteure d'un livre intitulé *Comprehensive Competence-Based Parenting Assessment for Parents with Learning Difficulties and Their Children*. Marjorie est bilingue anglais-français.

Bibliographie

Angelou, Maya. *Letter to my daughter*, New York, Random House Publishing Group, 2009.

Aunos, M., Hodes, M., Llewellyn, G., Spencer, M., Pacheco, L., Jareslàtt, G., Tarleton, B., Springer, L., & Höglund, B. (2020). "Chapter 14 : The Choice of Becoming a Parent", in *Choice, preference, and disability : an international perspective*, Springer Publishing, R. J. Stancliffe, M. L.Wehmeyer, K. A. Shogren, & B. H. Abery (éd.), 2020

Brown, Brené. *The gifts of imperfection*, 10th anniversary Edition, New York, Random House, 2020.

Chödron, Petra. *When things fall apart : heart advice for difficult times*. Boulder, Colorado, Shambhala Publications, Inc., 2016.

Devine, Meghan. *It's OK that you're NOT OK : meeting grief and loss in a culture that doesn't understand*, Boulder, Colorado, Sounds True, 2017.

Doman, Fatima. *Authentic resilience : bringing your strengths to life !* USA, Authentic Strengths Advantage, LLC, 2020.

Esfahani Smith, Emily. *The power of meaning : finding fulfillment in a world obsessed with happiness*, Penguin Random House Canada, 2017.

Feldman, M. & Aunos, M. *Comprehensive competence-based parenting assessment for parents with learning difficulties and their children*, NADD Press, 2010 (épuisé).

Frankl, Victor E. *Man's search for meaning*, Boston, Massachusetts, Beacon Press, 2006.

Hahn, L. *The Well-being of youth brought up by parents with disability : a longitudinal population-based study*, thèse, Edmonton (Alberta, Canada), University of Alberta, Doctor of Philosophy in rehabilitation Science, 2020.

Hone, Lucy. *Resilient grieving : finding strength and embracing life after a loss that changes everything*, New York, The Experiment, LLC, 2017.

Kingsley, Emily. *Welcome to Holland*, 1987, All rights reserved.

Kushner, Harold. *When bad things happen to good people*, New York, Anchor Books, 2004.

Lopez, Shane. *Making hope happen : create the future you want for yourself and others*, New York, Atria Paperback, 2013.

Mercerat, Coralie (2021). *Analyse de l'adéquation entre les besoins des parents vivant avec des limitations physiques et les services en périnatalité et petite enfance*, Thèse, Montréal (Québec, Canada), Université du Québec à Montréal, Doctorat en Psychologie.

Neff, Kristin. *Fierce self-compassion : how women can harness kindness to speak up, claim their power, and thrive*, New York, Harper Collins Publishers, 2021.

Niemiec, Ryan M. & McGrawth, R. E. *The power of character strengths : appreciate and ignite your positive personality*. USA, VIA Institute on Character, 2019.

Pausch, Randy. *The Last Lecture*, New York, Hyperion, 2008.

Pituch, E., Ben Lagha, R., Aunos, M., Cormier, T., Carrier, A., Gagnon, C., Gilbert, V., Dominique, A., Duquette, A., Turcotte, M., Wakil, R.-M., Bottari, C. (Submitted). *What services ? : perceptions of key stakeholders on early support needs for parents with neurological disorders*, Disability & Society, (ID : CDSO-2022-0112).

Reivich, Karen & Shatté, A. *The Resilience factor : Seven keys to finding your inner strength and overcoming life's hurdles*, Three Rivers Press, Random House, Inc., 2002.

Sandberg, Sheryl & Grant, Adam. *Option B: facing adversity, building resilience and finding joy*, New York, Alfred A Knopf, 2017.

Sirois, Maria. *A short course in happiness after loss (and other dark, difficult times)*, Housatonic, Massachusetts, Green Fire Press, 2016.

United Nations' Convention on the Rights of Persons with Disabilities. https://www.un.org/development/desa/disabilities/convention-on-the-rights-of-persons-withdisabilities.html (en date du 15 mars 2022).

Wolbring, G. (2008). *The politics of ableism. Development*, 51(2), 252-258.

Ressources

LIVRES POUR ENFANTS :
Mama Zooms, Jane Cowen-Fletcher
Dad Has a Wheelchair, Ken Jasch & Anita DuFalla
Mom Can't See Me, Sally Hobart Alexander
We Move Together, Kelly Fritsch & Anne McGuire
Some Days : A Tale of Love, Ice Cream and Mom's Chronic Illness, Julie A. Stamm

LIVRES :
We've Got This : Stories by Disabled Parents, Eliza Hull
How to Lose Everything, Christa Couture
Maternity Rolls : Pregnancy, Childbirth and Disability, Heather Kuttai
Disability Visibility : First-Person Stories from the Twenty-First Century, Alice Wong
A Celebration of Family : Stories of Parents with Disabilities, Dave Matheis

RAPPORTS :
Rocking the Cradle : Ensuring the Rights of Parents with Disabilities and their Children. National Council on Disability

MÉDIAS :

Fathers with Learning Disabilities. Moore Lavan Films. (YouTube)

Being a Parent : Parents with Learning Difficulties. ParentingRC. (YouTube)

We've Got This : Parenting with a Disability. Eliza Hull, ABC National (Podcast)

Insider's Guide to Pregnancy and Paralysis. Dani Izzie, Reeve Summit Webinar (YouTube)

Dani's Twins. Dani Izzie (Documentary Film)

Ouch ! BBC (Podcast)

La parentalité après un accident. Accessibilité Média Inc. (YouTube)

The Barriers, Both Physical and Social, I Face as a Parent Living with a Disability. CBC First Person, (article en ligne)

Des Familles comme les autres. Animé par @guylou avec @eveli-napituch. La parentalité après un accident. Accessibilité Media Inc.

BLOGS :

https://blindmotherhood.com
https://blindmomintheburbs.com
https://makingitontheplayground.com

ASSOCIATIONS :

The Association for Successful Parenting (TASP) Twitter : @TASP2009

International Association on the Scientific Study on Intellectual and Developmental Disability (IASSIDD), Special Interest Research Group (SIRG) Twitter: @parentingsirg

IG : @iassiddparentingsirg

Parenting with Intellectual and Developmental Disabilities

SERVICES ET PROGRAMMES :

Canada
Surrey Place (Toronto)
Sunnybrook : Adapted Maternity Clinic (Toronto)
Centre for Independent Living in Toronto (CILT) : Parenting with a Disability Network (PDN)
Clinique Parents Plus (Québec)
Tetra Society (Chapters Across Canada)
National Federation of the Blind
Spinal Cord Injury BC

États-Unis
The Disabled Parenting Project (Brandeis University, MA)
Help Hope Live
Center for Research on Women with Disabilities (Baylor College of Medicine, Houston, Texas)
Through the Looking Glass (California)

Europe
Together Parenting Project (Surrey, Royaume-Uni)
Working Together with Parents Network (Bristol, Royaume-Uni)
ASVZ (Pays-Bas)

Australie
Healthy Start and the Parenting Research Centre. Twitter : @parentingr

GROUPES FACEBOOK :
Irresponsible Father's Guide to Parenting
Disabled Mums (Australie)
Diversability Community
CILT Parenting with a Disability Network
Parents with Disabilities
Les mamans d'exceptions

Groupe de discussion – parents en situation de handicap (Québec)

MobileWOMEN

Parent roulant !